이건 무슨 새일까?

코스모스 출판 지음 * 배명자 옮김

집 앞에서
만날 수 있는
새 82종

생각의집

차 례

이 책에서 소개한 모든 새를 한눈에 볼 수 있게
맨 앞과 맨 뒤에 모아두었어요.

참새와 비슷한
크기의 새들

겨울상모솔새
14

여름상모솔새
15

검은다리솔새
16

굴뚝새
17

진박새
18

박새
19

푸른박새
20

오목눈이
21

도가머리박새
22

쇠박새
23

동고비
24

바위종다리
25

정원나무발바리
26

숲나무발바리
27

알락딱새
28

점박이딱새
29

검은머리딱새
30

붉은꼬리딱새
31

유럽울새
32

검은머리휘파람새
33

정원휘파람새
34

쇠흰턱딱새
35

흰목휘파람새
36

유라시아갈대휘파람새
37

익테린휘파람새
38

흰턱제비
39

유럽세린
40

검은머리방울새
41

되새
42

푸른머리되새
43

유럽방울새
44

오색방울새
45

붉은가슴방울새
46

홍방울새
47

집참새
48

들참새
49

검은머리쑥새
50

찌르레기와 비슷한 크기의 새들 →

쇠오색딱따구리
51

중간오색딱따구리
52

오색딱따구리
53

개미잡이
54

제비
55

유럽칼새
56

알락할미새
57

종다리
58

나이팅게일
59

대륙검은지빠귀
60

회색머리지빠귀
61

노래지빠귀
62

겨우살이개똥지빠귀
63

붉은날개지빠귀
64

붉은등때까지
65

황여새
66

찌르레기
67

콩새
68

멋쟁이새
69

솔잣새
70

노랑멧새
71

까치와 비슷한 크기의 새들

붉은부리갈매기
72

매
73

황조롱이
74

새매
75

칡부엉이
76

올빼미
77

차례

출발!	10~13
참새와 비슷한 크기의 새들	14~50
찌르레기와 비슷한 크기의 새들	51~71
까치와 비슷한 크기의 새들	72~89
거위와 비슷한 크기의 새들	90~95
자연으로 탐험을 떠나요!	96~111

어떤 새가 언제 노래할까?

검은머리딱새
일출 75분 전

유럽울새
일출 70분 전

대륙검은지빠귀
일출 60분 전

숲비둘기
일출 60분 전

굴뚝새
일출 55분 전

박새
일출 50분 전

푸른박새
일출 45분 전

푸른머리되새
일출 40분 전

검은다리솔새
일출 30분 전

집참새
일출 20분 전

유럽방울새
일출 10분 후

찌르레기
일출 50분 후

새소리 시계

새들은 정해진 순서에 따라 콘서트를 열어요. 검은머리딱새는 여러분의 정원에서 가장 먼저 이른 아침에 노래해요. 새들은 해 뜨는 시간에 맞춰 자신의 공연시간을 정해요. 해가 매달 같은 시간에 뜨는 게 아니므로, 여러분이 늘 같은 시간에 눈을 뜨더라도 늘 같은 새소리가 들리는 건 아니에요.

정원에서

둥지를 위한 자리, 먹이, 조용한 쉼터가 있는 정원을 새들은 좋아해요. 특히 모이통과 물통 주변에서 새를 잘 관찰할 수 있어요. 다음의 목록을 참고하여 여러분의 정원에 무엇이 더 필요한지 점검해보세요. 자세한 내용은 106쪽에서 얻을 수 있어요.

- 빽빽한 생울타리
- 열매가 열리는 관목
- 모래목욕탕
- 물통
- 새집
- 모이통
- 마른 나뭇가지 더미
- 퇴비 더미
- 꽃밭
- 야생화

하늘에서
몇몇 새들은 하늘에 있을 때도 쉽게 알아볼 수 있어요

◉ 눈에 띄는 떨림
종다리 58쪽
말똥가리 94쪽
황조롱이 74쪽

◉ 전선에 줄지어 앉아요
흰털제비 39쪽
제비 55쪽
숲비둘기 80쪽
찌르레기 67쪽
집비둘기 79쪽
염주비둘기 82쪽

◉ 흔히 크게 무리를 지어요
되새 42쪽
푸른머리되새 43쪽
서양갈까마귀 87쪽
검은머리방울새 41쪽
종다리 58쪽
유럽방울새 44쪽
집참새 48쪽
흰털제비 39쪽
제비 55쪽
숲비둘기 80쪽
찌르레기 67쪽
집비둘기 79쪽

잠복 혹은 은신

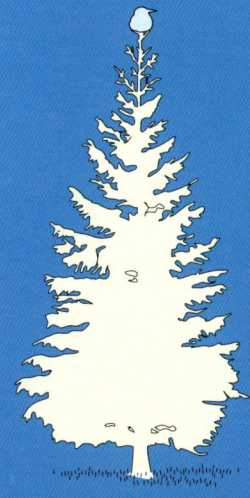

◉ 나무꼭대기에서
푸른머리되새 43쪽
흰목휘파람새 36쪽
붉은꼬리딱새 31쪽
멋쟁이새 69쪽
바위종다리 25쪽
숲비둘기 80쪽
진박새 18쪽
황조롱이 74쪽

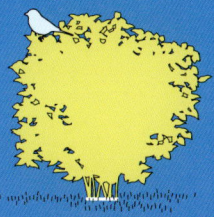

◉ 덤불 꼭대기에서
노랑멧새 71쪽
붉은등때까치 65쪽

◉ 잡초 줄기에서
유럽방울새 44쪽
붉은가슴방울새 46쪽
오색방울새 45쪽

◉ 갈대 줄기에서
푸른박새 20쪽
제비 55쪽
검은머리쑥새 50쪽
유라시아갈대휘파람새 37쪽

◉ 나무 기둥에서
검은머리딱새 30쪽
말똥가리 94쪽
송장까마귀 88쪽
황조롱이 74쪽

◉ 날면서 곤충을 잡아요
붉은꼬리딱새 31쪽
점박이딱새 29쪽
검은머리딱새 30쪽
알락딱새 28쪽

새를 좋아하는 친구들, 안녕!

이 책은 집 근처에서 혹은 정원이나 공원에서 가장 흔히 만날 수 있는 새들을 소개할 거예요. 그중에서도 정원은 새를 관찰하기 가장 좋은 장소예요. 창가나 정원에 앉아 편하게 새들을 관찰할 수 있거든요. 게다가 정원을 찾는 새들의 종류도 많지 않아, 새 이름을 알아내기도 쉬워요. 약간의 끈기와 행운만 있으면, 이 책에 소개된 새들 대부분을 언젠가는 정원에서 만날 수 있을 거예요. 터줏대감처럼 늘 정원에 살다시피 하는 새, 정원에 잠깐 들렀다 가는 새, 정원 위로 날아가는 새, 모두 모두 관찰할 수 있을 거예요.

찾아보기 쉽게 만들었어요

쪽마다 맨 위에 색깔 띠로 구별해 두어, 찾아보기가 쉬워요. 띠의 색깔은 새의 크기를 나타내는데, 다음과 같이 네 종류로 나눴어요.

 참새와 비슷한 크기의 새들

 찌르레기와 비슷한 크기의 새들

 까치와 비슷한 크기의 새들

 거위와 비슷한 크기의 새들

자연풍경을 표현한 이런 그림 옆에 적힌 내용은, 각각의 새가 어디에 살고 주로 어디에 머무는지 알려줘요. 또한, 겨울에도 우리 곁에 머무는지 아니면 겨울을 나기 위해 더 따뜻한 남쪽으로 날아가는지도 알려줘요.

새의 대략적인 크기를 아는 것에 그치지 않도록, 하단에 정확한 크기를 센티미터 단위로 적어두었어요.

쪽마다 맨 아래에 있는 색깔 자는 각각의 새를 언제 관찰할 수 있는지 보여줘요. 예를 들어 붉은날개지빠귀는 10월부터 4월까지 관찰할 수 있어요. 그래서 그 구간을 색으로 표시했어요.

암컷과 수컷의 모습이 아주 다른 경우에는, 더 화려한 수컷을 대표로 그려 넣었어요. 암컷, 새끼 혹은 친척들 그리고 새의 특징을 보여주기 위해 작은 그림이나 사진을 추가했어요.

하늘색 쪽지의 **알아둬야 할 중요한 사실!**에는 새에 관한 흥미로운 정보가 들어있어요. 초록색 쪽지의 **자세히 보아요!**와 노란색 쪽지의 **같이 해봐요!**는 관찰을 위한 조언과 직접 해 볼 때 필요한 정보를 줘요. 주황색 쪽지의 **놀라운 사실!**에서는 깜짝 놀랄 만한 소소한 지식이나 기록 등을 읽을 수 있어요.

새는 어떻게 생겼을까요?

새의 신체 부위와 깃털은 종에 따라 색깔과 모양이 달라요. 그래서 그것을 통해 새의 종류를 쉽게 구별할 수 있어요. 그렇다면 무엇을 눈여겨 봐야 할까요? 다음 쪽을 보면 알게 될 거예요.

특징

같은 종이라도 나이, 성별, 계절에 따라 완전히 다르게 보일 수 있어요. 자세한 내용은 본문에서 확인하세요.

머리중앙선
눈썹선
눈선
콧수염선

정수리, 이마, 부리, 턱, 멱, 뒷목, 등, 가슴, 배, 허리, 위꼬리덮깃, 다리, 아래꼬리덮깃, 꼬리

노랑멧새 수컷

꼬리끝띠 : 꼬리 끝에 있는 다른 색상의 띠
멱받이 : 멱 부위에 있는 턱받이 모양의 다른 색상
커트시 : 움찔거리며 무릎을 살짝 구부리는 동작
두건 : 눈 윗부분의 다른 색상 머리깃털
가로띠 : 가로로 비스듬히 난 다른 색상의 띠
평상시 깃털 : 화려한 번식기 깃털과 달리 수수해서 눈에 잘 띄지 않아요.
꼬리깃 : 꼬리에서 도드라져 보이는 기다란 꼬리깃털

이마판 : 이마에 있는 딱딱한 작은 판
집새 : 도시와 마을의 생활에 적응한 새
단거리철새 : 겨울에 지중해까지만 이동하는 철새
장거리철새 : 멀게는 중앙아프리카까지 날아가는 철새
부분철새 : 일부만 남쪽으로 이동하는 새. 예를 들어 암컷만 이동하고 수컷은 머물러요.

그리고 그 외…

새의 이름을 알아낼 뿐 아니라, 정원에서 새를 위해 할 수 있는 일이 무엇인지 알고 싶나요? 그렇다면 96~111쪽까지를 보세요. 새집 만드는 방법, 새가 좋아하는 모이, 모이 만드는 법, 새가 좋아하는 정원 가꾸는 법을 배울 수 있어요. 또한, 새가 주로 무엇을 먹고 어떤 흔적을 남기는지 알아내는 방법 등, 새에 관한 일반적인 몇몇 정보도 얻을 수 있어요.

자연으로 출발!

정원과 공원에서 만나는 새들 대부분은 사람에게 익숙해졌지만, 그럼에도 조심스럽게 조용히 움직여야 해요. 다른 사람의 땅에 함부로 들어가선 안 돼요. 그러니 길에서만 관찰하세요. 깃털 달린 친구를 사귀기에는 자연보호구역의 새 서식지가 가장 좋아요. 새 이름을 알아내는 데는 이 책만 있으면 충분해요. 더 필요한 게 별로 없어요. 깃털을 자세히 관찰하고 싶다면 어쩌면 좋은 망원경과 돋보기가 도움이 될 수 있을 거예요. 뭔가를 기록하고 싶을 수도 있으니, 미리 종이와 연필을 챙기세요. 자, 이제 자연으로 나가, 직접 체험하고 새의 이름을 알아내며 탐험의 즐거움을 만끽하세요!

돋보기
망원경

참새와 비슷한 크기의 새들

겨울상모솔새

겨울상모솔새는 유럽에서 가장 작은 텃새예요. 둥글둥글한 몸통과 회색빛이 도는 녹색 깃털 외에도 날개에 있는 흰색 띠와 정수리의 노랑-검정 줄무늬가 눈에 띄어요. 겨울상모솔새는 쉴새 없이 나뭇가지 사이를 빠르게 옮겨 다녀요. 가냘프지만 쨍쨍한 쇳소리로 "찌-지, 찌-지, 찌-지" 높은음과 낮은음을 반복하며 노래해요.

놀라운 사실!

겨울상모솔새의 몸무게는 겨우 5그램으로, 각설탕 두 개 무게쯤 돼요. 이 가벼운 새는 체온을 유지하기 위해 계속해서 먹어야 해요. 매일 제 몸무게보다 더 많은 양을 먹어야 굶어 죽지 않아요. 곤충을 잡아먹는 이 작은 새에게는 눈이 많이 내리는 긴 겨울이 아주 힘든 계절이에요. 그래서 많은 겨울상모솔새가 겨울을 이기지 못하고 죽기도 해요.

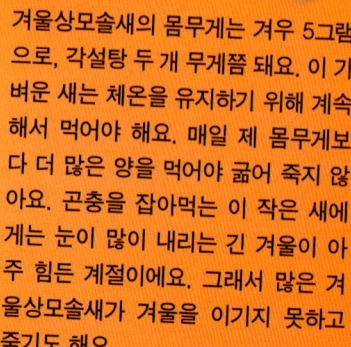

겨울상모솔새는 아주 가볍답니다.

침엽수 숲에서 이 작은 새를 관찰할 수 있어요. 겨울상모솔새는 소나무를 특히 좋아해요. 그곳에 거미줄과 이끼, 겨우살이, 보드라운 깃털, 동물의 털로 둥지를 짓고, 바깥 가지에서 작은 곤충을 잡아먹어요. 겨울에는 사람이 달아둔 모이통도 이따금 이용해요.

겨울상모솔새의 몸길이는 8-9cm예요.

겨울상모솔새는 1년 내내 볼 수 있어요. (한국에서는 겨울에만 볼 수 있어요.)

| 1월 | 2월 | 3월 | 4월 | 5월 | 6월 | 7월 | 8월 | 9월 | 10월 | 11월 | 12 |

참새와 비슷한 크기의 새들 15

여름상모솔새

여름상모솔새는 또렷한 흰색 눈썹선과 검은색 눈선이 있어요. 눈 주위의 이런 하양-검정 줄무늬와 어깨의 노란색 띠로 겨울상모솔새와 구별할 수 있어요. 수컷은 머리중앙선이 주황색이고 암컷은 노란색이에요. 점점 빨라지면서 높아지는 소리로 "**찌-찌-찌-찌-찌르르르**"하며 노래해요.

수컷

암컷

여름상모솔새는 침엽수 꼭대기에서 이리저리 뛰어다니며 노랫소리로 눈길을 끌어요. 활엽수가 섞인 잡목 숲, 공원, 넓은 정원, 침엽수가 심어진 공동묘지에서도 여름상모솔새를 관찰할 수 있어요.

놀라운 사실!

상모솔새의 둥지는 진정한 걸작이라 할 만해요. 아래로 늘어진 잔가지에 이끼와 겨우살이, 거미줄을 엮어 튼튼한 둥지를 지어요. 둥지 안쪽은 아주 작은 깃털들로 덮여있어요. 이 둥지는 세찬 바람과 장맛비에도 끄떡없이 알과 새끼를 포근하고 따뜻하게 보호해요. 심지어 새끼가 자람에 따라 둥지가 점점 커진답니다.

여름상모솔새의 몸길이는 9-10cm예요.

여름상모솔새는 3월부터 11월까지 볼 수 있어요. (한국에서는 보기 힘들어요.)

| 1월 | 2월 | 3월 | 4월 | 5월 | 6월 | 7월 | 8월 | 9월 | 10월 | 11월 | 12월 |

참새와 비슷한 크기의 새들

검은다리솔새

치프차프솔새라고도 불리는 검은다리솔새는 정확히 제 이름을 부르며 "**치프-차프, 치프-차프**"하고 노래해요. 눈에 잘 띄지 않는 이 작은 솔새는 맨눈으로 발견하기가 매우 어려워요. 머리와 등은 녹색이 도는 회색 또는 갈색으로 주변 환경과 잘 섞여 눈에 잘 띄지 않아요. 몸 아랫면은 모래색 혹은 연한 노란색이에요. 대개 나무와 덤불의 가장자리 가지를 옮겨 다니며 작은 곤충을 잡아먹어요.

자세히 보아요!

검은다리솔새의 쌍둥이 종으로 연노랑솔새가 있어요. 연노랑솔새는 검은다리솔새와 아주 비슷하게 생겼지만, 날개가 살짝 더 길고 다리 색이 더 밝아요. 가장 쉽게 구별할 수 있는 차이점은 노랫소리에요. 연노랑솔새는 높은음에서 갑자기 떨어지는 짧은 멜로디로 노래해요. 두 새 모두 숲과 덤불에 살지만, 둥지는 땅에 잘 숨겨서 지어요.

연노랑솔새

검은다리솔새는 활엽수 숲에서 흔히 볼 수 있지만, 넓은 공원, 정원 혹은 나무가 많은 들판에서도 발견돼요. 지중해와 북아프리카에서 겨울을 나요. 빠르면 3월 중순에 벌써 검은다리솔새의 전형적인 노랫소리를 다시 들을 수 있어요.

 검은다리솔새의 몸길이는 10-12cm예요.

검은다리솔새는 3월부터 10월까지 볼 수 있어요.

| 1월 | 2월 | 3월 | 4월 | 5월 | 6월 | 7월 | 8월 | 9월 | 10월 | 11월 | 12월 |

참새와 비슷한 크기의 새들

굴뚝새

갈색 가로띠가 있는 등, 흰색 눈선, 밝은색 가슴의 작고 동글동글한 이 새는 이 덤불에서 저 덤불로 생쥐처럼 빠르게 돌아다녀요. 짧은 꼬리는 대개 위로 곧게 뻗어있어요. 조그마한 부리로 큰소리를 내며 노래하는데, 겨울에도 때때로 굴뚝새의 노래를 들을 수 있어요.

공 모양의 둥지와 굴뚝새

굴뚝새는 숲, 공원, 정원의 덤불에서 볼 수 있고, 물가에서도 자주 만날 수 있어요. 우거진 덤불 사이에서 작은 곤충과 거미를 잡아먹어요. 겨울에는 사람들 주변에 살며 모이통을 이용하기도 해요.

알아둬야 할 중요한 사실!

수컷 굴뚝새는 봄에 공 모양의 둥지를 여러 개 지어요. 둥지들은 대개 장작더미, 담쟁이덩굴 혹은 쓰러진 나무의 뿌리 사이에 잘 숨겨져 있고, 입구도 옆면에 있어 잘 보이지 않아요. 암컷은 여러 둥지 중에서 하나를 골라 알을 낳아요. 하지만 선택되지 않은 둥지라도 헛되이 지은 건 아니에요. 이 둥지들은 잠자리로 이용되니까요. 겨울에는 여러 마리가 한 둥지를 같이 써요. 그러면 더 따뜻하게 겨울을 보낼 수 있고 소중한 에너지도 절약할 수 있거든요.

굴뚝새의 몸길이는 9-10cm예요.

굴뚝새는 1년 내내 볼 수 있어요.

| 1월 | 2월 | 3월 | 4월 | 5월 | 6월 | 7월 | 8월 | 9월 | 10월 | 11월 | 12월 |

진박새

참새와 비슷한 크기의 새들

언뜻 보면 진박새는 색이 바랜 작은 박새처럼 보여요. 특히 머리 부분이 아주 비슷해요. 하지만 진박새의 몸 아랫면은 갈색이 도는 흰색이고, 뺨뿐 아니라 뒷목에도 하얀 얼룩이 있어요. "칠-비-칠-비-칠-비" 빠르고 규칙적인 노랫소리로 쉽게 알아볼 수 있어요.

진박새는 주로 침엽수 숲에서 관찰할 수 있어요. 그래서 '전나무새'라고도 부른답니다. 꼭대기 가지에서 폴짝폴짝 뛰어다니며 작은 곤충을 잡아먹어요. 먹이는 주로 나무 꼭대기에서 찾지만, 둥지는 나무 구멍이나 땅 구멍 혹은 바위 틈새에 지어요. 겨울에는 주로 소나무 열매를 먹고, 숲 가장자리에 달아둔 모이통도 종종 방문해요.

놀라운 사실!

유럽에 사는 진박새는 주로 북유럽과 동유럽의 침엽수 숲에서 번식하며 살아요. 1년 사이에 새끼를 아주 많이 낳고, 겨울이면 수많은 진박새가 지중해와 남유럽으로 이동해요. 이런 이동을 '침입이동'이라고 부르는데, 진박새는 이런 식으로 새로운 서식지를 정복해요.

 진박새의 몸길이는 10-11.5cm예요.

진박새는 1년 내내 볼 수 있어요.

1월 2월 3월 4월 5월 6월 7월 8월 9월 10월 11월 12월

참새와 비슷한 크기의 새들

박새

박새는 박새과 중에서 가장 크고 흔한 새예요. 검은색 머리 때문에 석탄박새라 불리기도 하지만, 뺨은 새하얗답니다. 몸 아랫면은 노란색인데 중앙에 검은색 줄무늬가 있어요. 날개와 꼬리는 파란색이고 등은 올리브색이에요. **"찌찌대애-찌찌대애"**하는 우렁찬 소리가 봄을 알려요.

놀라운 사실!

박새와 푸른박새는 호기심이 아주 많고 매우 창의적으로 먹이를 찾아요. 그들은 70년 전에 영국에서 우유병의 알루미늄 덮개를 열어 맛있는 생크림을 먹는 방법을 터득했어요. 그들은 또한 견과류를 실에 묶어 가지에 걸어두면 부리로 실을 조금씩 당겨 먹이를 먹어요.

우유병 덮개를 열고 있는 박새

옥수수 떡밥을 먹는 박새

나무가 있는 곳이면 어디에서나 박새를 관찰할 수 있어요. 푸른박새와 마찬가지로 박새는 자연적으로 생긴 구멍이나 틈새, 사람이 달아준 새집 등, 어디서나 알을 낳아요. 겨울이면 모이통과 옥수수 떡밥을 자주 찾아오는 단골손님이에요. 박새과 중에서 가장 힘세고 거친 새로, 모이통과 옥수수 떡밥을 혼자 차지하기 위해 다른 굶주린 약한 새들을 쫓아내요.

박새의 몸길이는 13-15cm예요.

박새는 1년 내내 볼 수 있어요.

| 2월 | 3월 | 4월 | 5월 | 6월 | 7월 | 8월 | 9월 | 10월 | 11월 | 12월 |

참새와 비슷한 크기의 새들

푸른박새

이름이 벌써 말해주듯이, 깃털에 파란색이 아주 많아요. 파랑-하양 머리, 파란색 날개, 파란색 꼬리. 하지만 몸 아랫면은 노란색이고 등은 녹색이에요. 봄에 "찌-찌-찌르르르"하는 청아한 소리로 명랑하게 노래해요.

어린새와 함께 있는 푸른박새

놀라운 사실!

푸른박새는 새끼를 아주 많이 낳아요. 먹이가 풍부한 해에는 알을 9개에서 15개까지 낳아요. 그러면 새집이 아주 비좁아져요. 부모새는 새끼를 키우기 위해 벌레와 곤충을 7000-8000마리씩 잡아요.

새집에 둥지를 튼 푸른박새

푸른박새는 유럽 전역 어디에서나 볼 수 있어요. 우거진 침엽수 숲만 살짝 꺼려요. 구멍에 알을 낳는데, 사람이 걸어둔 새집에도 자주 둥지를 틀고 심지어 우편함에 둥지를 틀고 알을 낳기도 해요. 겨울에는 모이통을 아주 자주 방문해요. 그러면 대개 작은 무리를 지어 정원 곳곳을 돌아다녀요.

 푸른박새의 몸길이는 10-12cm예요.

푸른박새는 1년 내내 볼 수 있어요. (한국에서는 보기 힘들어요.)

| 1월 | 2월 | 3월 | 4월 | 5월 | 6월 | 7월 | 8월 | 9월 | 10월 | 11월 | 12월 |

참새와 비슷한 크기의 새들

오목눈이

검정-하양-갈색이 섞인 작은 새인데 꼬리가 길고 부리가 작고 뾰족한가요? 그렇다면 오목눈이가 확실해요. 오목눈이는 아주 가느다란 가지 위를 능숙하게 돌아다녀요. 심지어 머리보다 높이 있는 가지 위로도 쉽게 폴짝 뛰어올라요. 높은음으로 외치는 **"치-치-치"** 혹은 목을 가다듬는 듯한 **"치르르릇"** 소리로 먼저 자신을 알려요.

머리에 줄무늬가 있는 오목눈이

머리가 하얀 오목눈이

오목눈이와 둥지

오목눈이는 주로 활엽수 숲과 잡목 숲에 살아요. 하지만 덤불이 많은 공원과 정원에서도 동글동글한 이 작은 새를 볼 수 있어요. 우거진 덤불 속 낮은 곳에 주로 둥지를 짓고 완벽한 위장으로 잘 숨겨요. 겨울에는 작은 무리의 오목눈이를 집 근처에서 관찰할 수 있어요.

자세히 보아요!

오목눈이는 두 종류예요. 흔히 보이는 오목눈이는 머리에 검정-하양 줄무늬가 있어요. 하지만 겨울에 동유럽과 북유럽에서 중유럽으로 이동하는 오목눈이가 또 있는데, 이들은 머리가 하얘요. 겨울에 자세히 관찰하면, 어쩌면 줄무늬가 있는 오목눈이 외에 머리가 하얀 오목눈이도 발견할 수 있을 거예요. 그러면 이 새들이 멀리에서 이동해왔다는 사실을 바로 알 수 있겠죠?!

오목눈이의 몸길이는 13-15cm예요.

오목눈이는 1년 내내 볼 수 있어요.

| 2월 | 3월 | 4월 | 5월 | 6월 | 7월 | 8월 | 9월 | 10월 | 11월 | 12월 |

참새와 비슷한 크기의 새들

도가머리박새

도가머리박새는 알아보기가 아주 쉬워요. 머리에 벼슬처럼 삐쭉 솟은 검정-하양 깃털이 난 박새는 도가머리박새뿐이니까요. 머리의 나머지 부분도 검은색과 하얀색이에요. 검은색 멱과 하얀색 목둘레가 특히 눈에 띄어요. 몸 윗면은 갈색이고 아랫면은 갈색이 도는 흰색이에요. 노랫소리는 높은 외침과 낮은 떨림이 섞여 있어요. "지-지-뒤르르-뒤르르…" 위험을 알릴 때는 "지-지"하는 높은 외침만 따로 떼어서 내요.

자세히 보아요!

모든 박새가 그렇듯 도가머리박새 역시 구멍 안에 둥지를 지어요. 딱따구리가 파놓은 빈 구멍을 이용하기도 하고, 작은 부리로 썩은 통나무를 쪼아 직접 구멍을 만들기도 해요. 사람이 만들어 걸어둔 새집에는 거의 오지 않아요.

도가머리박새와 둥지

도가머리박새는 주로 침엽수 숲과 잡목 숲에 살지만, 도심의 공원과 정원에서도 관찰할 수 있어요. 계절과 상관없이 곳곳에 퍼져 사는 텃새이지만, 겨울이면 먹이를 얻기 위해 다른 박새 무리에 섞여 모이통을 종종 방문해요.

 도가머리박새의 몸길이는 11-12cm예요.

도가머리박새는 1년 내내 볼 수 있어요.

1월 2월 3월 4월 5월 6월 7월 8월 9월 10월 11월 12

창새와 비슷한 크기의 새들

쇠박새

쇠박새는 가장 눈에 띄지 않는 박새예요. 몸 윗면은 갈색이고 아랫면은 갈색이 도는 흰색이에요. 검은 두건을 쓴 듯 머리 꼭대기가 새까맣고, 턱밑의 작은 멱받이도 검은색이에요. 하지만 뺨은 하얀색이에요. 부리는 아주 작아요. 봄에 쇠박새의 노랫소리를 들을 수 있는데, "프윗-프윗-프윗…"하며 한 음으로 빠르게 노래해요. 평소에는 "피슛-야"하며 폭발하듯 외쳐요.

자세히 보아요!

쇠박새와 쌍둥이처럼 닮은 새가 있어요. 바로 북방쇠박새예요. 둘은 거의 똑같이 생겼는데, 북방쇠박새의 멱받이가 쇠박새의 멱받이보다 약간 더 크고, 북방쇠박새의 날개에는 흰색이 약간 섞여 있어서 눈에 띄어요. 쇠박새를 '늪지박새'라고 부르기도 하는데, 사실 북방쇠박새를 늪지박새라 부르는 게 더 맞아요. 북방쇠박새는 늪지처럼 축축한 곳에 자주 나타나거든요. 북방쇠박새는 길게 "대애-대애-대애"하며 울어요.

날개에 흰색이 약간 섞여 있어요

멱받이가 쇠박새보다 커요

북방쇠박새

쇠박새는 강가 숲과 축축하고 우거진 활엽수 및 잡목 숲을 좋아하지만, 진짜 늪지에 둥지를 트는 일은 드물어요. 도심의 공원과 넓은 정원에서도 쇠박새를 관찰할 수 있어요. 겨울에는 모이통을 즐겨 방문해요. 쇠박새는 대개 둘씩 짝을 지어 다녀요. 동고비와 마찬가지로 힘든 시기를 위해 나무 틈새에 미리 비상식량을 저장해 둬요.

쇠박새의 몸길이는 11.5-13cm예요.

쇠박새는 1년 내내 볼 수 있어요.

| 1월 | 2월 | 3월 | 4월 | 5월 | 6월 | 7월 | 8월 | 9월 | 10월 | 11월 | 12월 |

참새와 비슷한 크기의 새들

동고비

진한 주황색 가슴과 배 그리고 회색 등으로 동고비를 쉽게 알아볼 수 있어요. 선명하게 보이는 검은색 눈선은 애꾸눈 해적 선장을 연상시켜요. 무엇보다 딱딱한 씨를 쉽게 쪼아 먹을 수 있는 강력한 부리 때문에 머리가 커 보여요. 동고비는 나무줄기를 타고 거꾸로 내려갈 수 있는 유일한 텃새에요. 크고 강렬한 소리로 **"투잇-투잇-투잇…"** 하며 울어요.

같이 해봐요!

겨울에 동고비는 견과류, 너도밤나무 열매, 해바라기 씨 등을 비상식량으로 울퉁불퉁한 나무껍질 틈새에 숨겨놓아요. 참나무 껍질을 자세히 살펴보면, 아마 감춰둔 비상식량을 더 찾을 수 있을 거예요. 덧붙이자면, 동고비는 '미장이 새'라고도 불리는데, 큰 새가 둥지 터를 탐내지 못하게 하려고 나무 구멍에 진흙을 발라 둥지 입구를 좁게 만들기 때문이에요.

동고비는 둥지 입구를 좁게 만들어요

동고비는 도심 공원, 활엽수 숲, 오래된 큰 나무 특히 참나무가 많은 공동묘지에서 흔히 볼 수 있어요. 겨울에는 모이통에서 해바라기씨를 가져가는 모습을 관찰할 수 있어요.

동고비의 몸길이는 13-14cm예요.

동고비는 1년 내내 볼 수 있어요.

| 1월 | 2월 | 3월 | 4월 | 5월 | 6월 | 7월 | 8월 | 9월 | 10월 | 11월 | 12월 |

참새와 비슷한 크기의 새들 25

바위종다리

바위종다리는 덤불 꼭대기에 앉아 있을 때 가장 쉽게 관찰할 수 있어요. 이때 맑고 고운 노랫소리도 같이 들을 수 있죠. 평소에는 눈에 잘 띄지 않아요. 깃털은 눈에 띄지 않는 수수한 갈색인데, 뒷목과 멱에 회갈색 줄무늬가 있고 등과 옆구리에는 적갈색 줄무늬가 있어요. 그래서 참새로 착각하기 쉬워요. 가늘고 뾰족한 새까만 부리가 도드라져 보여요.

알아둬야 할 중요한 사실!

대부분의 다른 새들과 달리 바위종다리는 번식기에 암컷과 수컷이 각자 자기 둥지에 살아요. 수컷 한 마리가 여러 암컷과 짝을 짓기도 하고 암컷 한 마리가 수컷 두 마리와 짝을 짓기도 해요. 암컷 한 마리가 수컷 두 마리와 짝을 지으면 새끼 기르기가 매우 편해요. 새끼들이 먹이를 넉넉히 얻을 수 있으니까요.

먹이를 찾고 있는 바위종다리

바위종다리는 덤불이 많은 숲 가장자리, 공원과 정원의 덤불이나 생울타리에 살아요. 대개 눈에 띄지 않게 덤불 사이에서 숨어지내고 땅 가까이에 머물기를 좋아해요. 겨울에는 종종 모이통을 방문하지만 아주 잠깐만 머물고 금세 다시 안전한 은신처로 사라져요.

바위종다리의 몸길이는 13-14cm예요.

바위종다리는 1년 내내 볼 수 있어요. (한국에서는 겨울에만 볼 수 있어요.)

| 2월 | 3월 | 4월 | 5월 | 6월 | 7월 | 8월 | 9월 | 10월 | 11월 | 12월 |

참새와 비슷한 크기의 새들

정원나무발바리

정원나무발바리는 연갈색 바탕에 흰색 무늬가 있는 몸 윗면 덕분에 나무줄기에 바짝 붙어있으면 눈에 잘 띄지 않아 발견하기가 쉽지 않아요. 생쥐처럼 나무줄기를 재빠르게 오르내리는데, 이때 긴 꼬리가 지지대 구실을 해요. 가늘고 긴 굽은 부리로 나무껍질 틈새에서 곤충을 잡아먹어요.

빛이 잘 드는 활엽수 숲과 잡목 숲, 공원, 과수원에서 정원나무발바리를 관찰할 수 있어요. 참나무, 물푸레나무, 과일나무처럼 껍질이 울퉁불퉁한 나무를 특히 좋아해요. 들뜬 나무껍질 뒤에 혹은 나무줄기의 갈라진 틈에 둥지를 지어요.

나무를 옮겨가는 정원나무발바리

자세히 보아요!

정원나무발바리가 나무줄기를 기어오르는 모습을 자세히 관찰해보세요. 직선으로 곧장 위로 오르지 않고 나선 모양으로 나무줄기를 빙빙 돌며 올라요. 높은 곳까지 오르면 근처 다른 나무로 옮겨가 다시 밑동부터 오르기 시작해요. 대개 혼자 다니지만, 겨울에는 여러 마리가 한 곳에 모여 다닥다닥 붙어 자요.

 정원나무발바리의 몸길이는 12-14cm예요.

정원나무발바리는 1년 내내 볼 수 있어요. (한국에서는 겨울에만 볼 수 있어요.)

| 1월 | 2월 | 3월 | 4월 | 5월 | 6월 | 7월 | 8월 | 9월 | 10월 | 11월 | 12월 |

참새와 비슷한 크기의 새들

숲나무발바리

숲나무발바리는 늘 발발거리며 돌아다니고, 구별되는 특징조차 알아보기가 쉽지 않아요. 하지만 이런 특징을 잘 구별하는 것이 아주 중요해요. 이 특징을 구별하지 못하면 정원나무발바리와 헷갈릴 수 있거든요. 숲나무발바리의 부리는 정원나무발바리보다 짧지만, 그 대신 뒷발톱이 확실히 더 길고, 몸 아랫면과 특히 옆구리가 더 하얘요. 가장 확실한 특징은 노랫소리예요. 숲나무발바리는 높은 음으로 "찌-찌-찌제리-찌지스르리"하며 노래해요.

같이 해봐요!

집에 정원이 있다면 겨울에 나무발발이에게 먹이를 줄 수 있어요. 나무 위에서만 먹이를 찾으므로, 기름에 적신 작은 씨앗을 나무껍질 틈새에 넣어두는 게 가장 좋아요.

놀라운 사실!

숲나무발바리는 정말로 진정한 걷기선수예요. 하루에 최대 3킬로미터를 걷거든요.

숲나무발바리와 정원나무잘바리를 구별하는 데 서식지도 도움이 돼요. 숲나무발바리는 정원나무발바리보다 침엽수 숲에 더 자주 나타나고, 고지대와 산악지대를 더 좋아해요. 하지만 겨울에는 이따금 먹이를 찾아 도심의 공원과 정원으로 내려와요.

숲나무발바리의 몸길이는 12.5-14cm예요.

숲나무발바리를 1년 내내 볼 수 있어요. (한국에서는 겨울에만 볼 수 있어요.)

| 2월 | 3월 | 4월 | 5월 | 6월 | 7월 | 8월 | 9월 | 10월 | 11월 | 12월 |

28 참새와 비슷한 크기의 새들

알락딱새

알락딱새 수컷은 까치처럼 검정-하양 깃털을 가졌어요. 날개 일부분을 제외하면 몸 윗면 전체가 검은색이에요. 몸 아랫면은 새하얗게 빛나요. 반면 암컷은 윗면이 갈색이고 아랫면은 크림색이라, 수컷과 쉽게 구별할 수 있어요. 짧게 반복되는 **"빗트-빗트…"** 소리에서 알락딱새임을 알 수 있어요.

자세히 보아요!

독일 남부에서는 검정-하양 알락딱새를 아주 자세히 관찰해야 해요. 이곳에는 하얀 목도리를 두른 듯한 목도리딱새도 살기 때문이죠. 하얀 목도리를 했다면 수컷이에요. 목도리딱새의 노랫소리는 아주 느리고 높은데, 마치 좁은 틈을 어렵게 비집고 나오는 소리 같아요. 목도리딱새는 알락딱새보다 약 3-4주 늦게 번식지로 돌아와요.

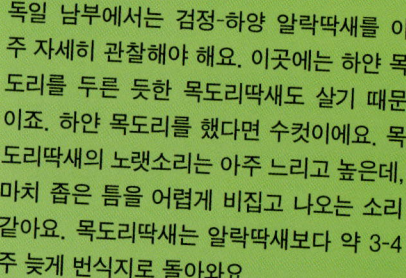

목도리딱새

수컷과 암컷 모두 날개에 흰색 얼룩이 있어요.

암컷

수컷

알락딱새는 탁 트인 오래된 활엽수 및 잡목 숲에서 알을 낳아요. 하지만 도심 공원과 과수원에서도 알락딱새를 관찰할 수 있어요. 알락딱새는 나무 구멍이나 사람이 걸어둔 새집에 둥지를 틀어요. 암컷은 푸른빛이 도는 알을 5-8개씩 낳아요. 9월이면 겨울을 나기 위해 서아프리카로 먼 길을 떠나요.

 알락딱새의 몸길이는 12-13.5cm예요.

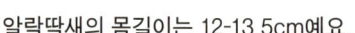

알락딱새는 4월부터 9월까지 볼 수 있어요. (한국에서는 보기 힘들어요.)

| 1월 | 2월 | 3월 | 4월 | 5월 | 6월 | 7월 | 8월 | 9월 | 10월 | 11월 | 12월 |

참새와 비슷한 크기의 새들

점박이딱새

점박이딱새는 눈에 잘 띄지 않는 새예요. 등은 회갈색이고 아랫면은 크림색인데, 가슴 부위에 옅은 회색 줄무늬가 있어요. 눈이 유난히 크고 까맣게 도드라져 보여요. 깃털 색이 주변 환경과 아주 비슷해서 찾아내기가 쉽지 않아요. 하지만 높은음으로 "찌이히트-찌이히트"하고 외치는 소리에서 알아볼 수 있어요.

파리

파리를 사냥하는 점박이딱새

공터가 많은 탁 트인 숲과 숲 가장자리에 주로 살지만, 늙은 나무가 많은 공원과 정원, 과수원에서도 관찰할 수 있어요. 점박이딱새는 얕은 구멍에 둥지를 지어요. 9월이면 아프리카 남부로 먼 길을 떠나요.

자세히 보아요!

점박이딱새는 곤충사냥 챔피언이에요. 마른 나뭇가지, 밭에 세워둔 나무막대 혹은 울타리를 전망대 삼아 앉아 있는 모습을 흔히 볼 수 있어요. 점박이딱새는 이런 전망대에 앉아 파리, 모기, 달팽이, 나비 등을 기다리고 있다가 먹잇감이 나타나면 재빨리 추격해요. 그러면 대부분 사냥에 성공하여 다시 전망대로 돌아와요.

전망대에 앉아 있는 점박이딱새

점박이딱새의 몸길이는 13-15cm예요.

점박이딱새는 5월부터 9월까지 볼 수 있어요. (한국에서는 보기 힘들어요.)

참새와 비슷한 크기의 새들

검은머리딱새

검은머리딱새 수컷은 머리와 배가 까만색이에요. 등은 잿빛이고 날개 일부분이 흰색이에요. 꼬리는 적갈색인데, 특히 하늘을 날 때 이 적갈색 꼬리가 눈에 띄어요. 암컷의 깃털은 더 밝은 회갈색이에요. 암컷 수컷 둘 다 눈에 띄게 꼬리를 흔들고 떨어요. 저녁 어스름에 종종 수컷이 지붕에 앉아 짜내는 듯한 거친 노래를 불러요. 흥분했을 때는 큰 소리로 "**텍-텍**"하며 소리쳐요.

수컷

어린새

놀라운 사실!

검은머리딱새는 부지런한 가수예요. 초여름이면 오후에만 아주 잠깐 쉴 뿐, 해가 뜰 때부터 해가 질 때까지 거의 쉬지 않고 노래해요. 노래하는 시간만 얼추 여섯 시간이 넘어요. 매일 여섯 시간씩 노래를 불러야 한다면 어떨지 한번 상상해 보세요!

 원래 검은머리딱새는 빛이 잘 드는 암석지대에 살았어요. 하지만 사람들이 성, 마을, 도시를 지은 이후로 평지에도 정착했어요. 곤충과 열매가 많은 천연공원은 이들의 먹이 창고예요. 담벼락 틈새나 개방형 차고에서 종종 둥지를 발견할 수 있어요. 가을에 지중해 지역으로 이동해 그곳에서 겨울을 나요.

 검은머리딱새의 몸길이는 13-14cm예요.

검은머리딱새는 3월부터 10월까지 볼 수 있어요. (한국에서는 보기 드문 새예요.)

| 1월 | 2월 | 3월 | 4월 | 5월 | 6월 | 7월 | 8월 | 9월 | 10월 | 11월 | 12월 |

참새와 비슷한 크기의 새들

붉은꼬리딱새

붉은꼬리딱새 수컷은 쉽게 알아볼 수 있어요. 검은색 멱, 하얀 이마, 회색 머리와 등. 몸 아랫면은 빛나는 주황색이에요. 암컷은 검은머리딱새 암컷과 아주 비슷하게 생겼어요. 하지만 검은머리딱새와 비교했을 때 깃털이 회갈색이 아니라 적갈색이에요. 붉은꼬리딱새는 주로 나무꼭대기에 앉아 짧게 노래해요.

하늘을 나는 수컷

암컷

놀라운 사실!

새 가족이 얼마 동안 함께 사느냐는 종에 따라 아주 달라요. 거위 가족은 거의 1년 내내 함께 살지만, 붉은꼬리딱새 가족은 어린새가 날기 시작하고 7-8일 후면 벌써 흩어져요.

붉은꼬리딱새는 탁 트인 숲, 과수원, 공원, 정원에서 나무 구멍에 알을 낳아요. 사람이 걸어둔 새집에도 기꺼이 알을 낳아요. 약 30년 전에 그 수가 확실히 줄었어요. 자연적으로 구멍이 생긴 늙은 나무들이 많이 베어졌기 때문이에요.

붉은꼬리딱새의 몸길이는 13-14cm예요.

붉은꼬리딱새는 4월부터 9월까지 볼 수 있어요. (한국에서는 보기 힘들어요.)

| 2월 | 3월 | 4월 | 5월 | 6월 | 7월 | 8월 | 9월 | 10월 | 11월 | 12월 |

참새와 비슷한 크기의 새들

유럽울새

다홍색 얼굴과 멱받이 그리고 크고 새까만 눈에서 유럽울새를 쉽게 알아볼 수 있어요. 나머지 부분은 옅은 올리브색 혹은 회갈색이에요. 꼬리와 날개를 계속해서 움찔거려요. 특히 아침저녁 어스름에 살짝 구슬픈 멜로디로 잔잔하게 노래해요. 반면, 방해를 받으면 날카로운 **"찍-찍"** 소리로 경고해요.

자세히 보아요!

어린 유럽울새는 어른 유럽울새와 완전히 다르게 생겼어요. 어린새는 비록 어른새처럼 살짝 동글동글한 형체를 이미 갖췄지만, 깃털은 적갈색 바탕에 밝은색 점박이 무늬가 있어요. 그래서 땅이나 덤불에서 몸을 숨기기가 아주 좋아요. 그러나 첫 번째 털갈이 후 가을이 되면 벌써 멱 부분이 붉어지면서 어른새를 닮아가요.

어린 유럽울새

멱받이

유럽울새는 덤불이 많은 숲뿐 아니라 도심의 공원과 정원에도 살아요. 둥지는 잘 보이지 않게 땅 가까이에 있는 작은 구멍에 지어요. 겨울에 모이통을 방문해 열매를 먹는 유럽울새를 관찰할 수 있어요.

 유럽울새의 몸길이는 13-14cm예요.

유럽울새는 1년 내내 볼 수 있어요.

| 1월 | 2월 | 3월 | 4월 | 5월 | 6월 | 7월 | 8월 | 9월 | 10월 | 11월 | 12월 |

참새와 비슷한 크기의 새들

검은머리휘파람새

검은머리휘파람새 수컷은 검은색 모자를 쓴 것처럼 보여요. 나머지 깃털은 모두 회색이에요. 암컷은 모자 색이 갈색이에요. 피리 소리 같은 명랑한 노래를 불러 최고의 가수로 통해요. 흥분하거나 위험이 닥치면 **"텍-텍-텍-텍"** 크게 외쳐요.

암컷

수컷

알아둬야 할 중요한 사실!

몇 년 전부터 어떤 검은머리휘파람새는 겨울을 나기 위해 따뜻한 남쪽 지중해까지 이동하지 않아요. 이들에게는 영국 남부의 온화한 겨울이면 충분해요. 그러면 멀리까지 날아가지 않아도 되어, 봄에 충분히 휴식한 상태로 번식지에 도착할 수 있어서 좋아요. 그리고 알 낳기에 가장 좋은 자리도 먼저 차지할 수 있어요.

검은머리휘파람새는 덤불이 많은 숲, 나무가 많은 들판, 공원, 정원에서 우거진 덤불이나 어린 가문비나무 위에 둥지를 지어요. 8월 말에서 10월 사이에 딱총나무에 앉아 까만 열매를 먹고 있는 검은머리휘파람새를 자주 볼 수 있어요. 딱총나무 열매는 겨울을 보낼 지중해까지 가는 길에 꼭 필요한 최고의 '연료'랍니다.

검은머리휘파람새의 몸길이는 13-15cm예요.

검은머리휘파람새는 4월부터 10월까지 볼 수 있어요. (한국에서는 보기 힘들어요.)

참새와 비슷한 크기의 새들

정원휘파람새

정원휘파람새의 가장 눈에 띄는 특징은 짙은 눈이에요. 갈색이 도는 회색 깃털은 별다른 특징 없이 아주 평범해요. 하지만 다행히 봄에 노랫소리로 눈길을 끌어요. 노랫소리는 검은머리휘파람새와 비슷하지만, 청아한 피리 소리가 빠져서 더 단조롭게 들리고 약간 더 빨라요.

놀라운 사실!
겨울을 보낼 곳으로 이동할 때, 사하라 사막을 건너는 경로가 가장 위험해요. 그곳은 뜨겁고 먹을 것도 거의 없어요. 무사히 사하라 사막을 건너려면, 미리 지방을 열심히 몸에 채워둬야 해요. 그래서 곤충과 열매를 많이 먹어 몸무게를 거의 두 배로 늘려요.

정원휘파람새는 5월, 그러니까 봄철새치고는 꽤 늦게, 사하라 이남 겨울 서식지에서 유럽 번식지로 돌아와요. 덤불이 많은 숲, 들판, 공원에서 알을 낳아요. 오늘날의 잘 다듬어진 정원에서는 안타깝게도 정원휘파람새를 관찰하는 일이 아주 드물어요. 물론, 정원을 돌보지 않아 '황무지처럼 변했다면' 얘기는 달라지죠.

 정원휘파람새의 몸길이는 13-14cm예요.

정원휘파람새는 5월부터 9월까지 볼 수 있어요. (한국에서는 보기 힘들어요.)

| 1월 | 2월 | 3월 | 4월 | 5월 | 6월 | 7월 | 8월 | 9월 | 10월 | 11월 | 12월 |

참새와 비슷한 크기의 새들 35

쇠흰턱딱새

쇠흰턱딱새는 노랫소리로 쉽게 구별할 수 있어요. 속삭이는 지저귐으로 시작하여 **"클랍-클랍-클랍"** 하는 큰 외침으로 마쳐요. 이 소리가 방아 돌아가는 소리와 비슷해서 옛날에서는 "방아새"라 불리기도 했어요. 날개와 등은 회갈색이고, 몸 아랫면은 흰색이에요. 회색 머리와 흰색 멱 사이의 경계선이 아주 또렷해요. 다리는 짙은 갈색이에요.

쇠흰턱딱새는 탁 트인 들판에서 딸기나무, 가시나무, 찔레나무처럼 키가 작고 가시가 많은 관목에 살아요. 하지만 도심의 공원, 정원, 공동묘지, 철둑에서도 관찰할 수 있어요. 아프리카 동부에서 겨울을 보내요.

놀라운 사실!

가을에 아프리카로 이동하는 새들은 대부분 남서쪽으로 날아 스페인을 지나가요. 하지만 쇠흰턱딱새는 그 길로 가지 않아요. 이 새는 남동쪽으로 날아 이스라엘을 지나 아프리카로 가는 몇 안 되는 종에 속해요. 이 길을 택하면 드넓은 바다를 오랫동안 날지 않아도 되는 장점이 있어요.

함께 있으면 든든해요!
어른새 옆에 다닥다닥 붙어 앉은 어린새 세 마리.

쇠흰턱딱새의 몸길이는 11.5-13.5cm예요.

쇠흰턱딱새는 4월부터 9월까지 볼 수 있어요. (한국에서는 보기 힘들어요.)

| 1월 | 2월 | 3월 | 4월 | 5월 | 6월 | 7월 | 8월 | 9월 | 10월 | 11월 | 12월 |

참새와 비슷한 크기의 새들

흰목휘파람새

흰목휘파람새는 언뜻 보면, 색깔이 살짝 덧입혀진 쇠흰턱딱새처럼 보여요. 정수리 부분은 짙은 회색이고, 눈 주변에 흰색 테두리가 있고, 가슴은 옅은 분홍색이며, 날개 깃털은 적갈색이에요. 쇠흰턱딱새는 다리가 짙은 갈색이지만, 흰목휘파람새는 연한 갈색이에요. 흰목휘파람새는 주로 덤불 꼭대기에 앉아서 혹은 잠시 하늘을 날며 노래해요. 노랫소리는 짧게 끊어지고 목을 긁는 것처럼 거칠어요.

하늘을 날며 "배애애애드-배애애드"하며 외쳐요.

가시덤불이 많은 탁 트인 들판을 좋아해요. 도시에서는 휴경지나 철둑에서 종종 볼 수 있어요. 땅 가까이에 둥지를 짓는데, 쐐기풀 안에 짓는 경우도 종종 있어요.

알아둬야 할 중요한 사실!

흰목휘파람새는 점점 희귀종으로 바뀌고 있어요. 아프리카 겨울 서식지의 오랜 가뭄으로 먹이가 부족하기 때문이죠. 게다가 알을 낳을 수 있는 덤불이 점점 줄고 있고요.

 흰목휘파람새의 몸길이는 13-15cm예요.

흰목휘파람새는 4월부터 9월까지 볼 수 있어요. (한국에서는 보기 힘들어요.)

| 1월 | 2월 | 3월 | 4월 | 5월 | 6월 | 7월 | 8월 | 9월 | 10월 | 11월 | 12 |

참새와 비슷한 크기의 새들 37

유라시아갈대휘파람새

유라시아갈대휘파람새의 깃털은 붉은빛이 도는 갈색이고 몸 아랫면은 흰색이에요. 그래서 갈대밭에 있으면 눈에 잘 띄지 않아요. 이 새는 갈대 사이를 능숙하게 폴짝폴짝 옮겨 다니며 곤충, 달팽이, 작은 거미를 잡아먹어요. 갈대 줄기를 타고 천천히 위로 오르며 지저귀는데, 이때가 관찰하기 가장 좋아요. 목을 긁는 듯 거친 노랫소리에서 쉽게 알아볼 수 있어요. 유라시아갈대휘파람새는 "트렛-트렛-트렛-티르리-티르리-트뤼-트뤼-트레-트레-트레…"하며 경쾌하게 노래해요.

놀라운 사실!

유라시아갈대휘파람새는 아프리카까지 족히 6000킬로미터 길을 주로 밤에 이동해요. 하룻밤에 최대 450킬로미터를 날 수 있어요. 밤에 이동하면 천적을 만날 위험이 적고 날씨도 크게 뜨겁지 않아서 좋아요.

사막의 밤

유라시아갈대휘파람새는 번식기에 호수, 연못, 습지 그리고 천천히 흐르는 냇물 주변에서 관찰할 수 있어요. 이들은 갈대 줄기 사이에 예술적인 둥지를 지어요. 갈대 줄기 서너 개를 엮고, 거기에 갈대와 풀로 만든 납작한 냄비 모양의 둥지를 지어요. 겨울 서식지는 사하라 사막 이남이에요.

유라시아갈대휘파람새의 몸길이는 11-12cm예요.

유라시아갈대휘파람새는 5월부터 9월까지 볼 수 있어요.

| 2월 | 3월 | 4월 | 5월 | 6월 | 7월 | 8월 | 9월 | 10월 | 11월 | 12월 |

참새와 비슷한 크기의 새들

익테린휘파람새

익테린휘파람새는 대형 연노랑솔새처럼 보여요. 몸 윗면은 회색이 도는 녹색이고 아랫면은 노란색이에요. 강력한 부리 때문에 머리 전체가 뾰족해 보이는데, 정수리 깃을 곤두세우면 특히 더 각져 보여요. 다리는 푸른색이 도는 짙은 회색이에요. 노랫소리는 빠른 지저귐인데, 때때로 살짝 음 이탈이 나듯 끽끽거리는 소리가 나요.

같이 해봐요!

다양한 새소리를 구별할 줄 아나요? 그렇다면 익테린휘파람새의 노랫소리에 귀를 기울여보세요. 어쩌면 원래 다른 새소리에 속하는 몇 마디를 알아차릴 수 있을 거예요. 익테린휘파람새는 자신의 노래에 다른 새소리 일부를 섞거든요. 그래서 이 새를 '흉내새'라 부르기도 해요. 다른 새소리를 흉내 낼 수 있는 새를 그렇게 불러요.

물에 빠지지 않게 조심하렴!

익테린휘파람새는 알 낳는 장소로 강가 숲, 습지, 강가, 호숫가를 가장 좋아해요. 하지만 공원, 정원, 키 큰 오래된 나무가 많은 공동묘지에서도 이 새를 관찰할 수 있어요. 노랫소리가 없으면, 높은 나무꼭대기에서 이 새를 발견하기가 매우 어려워요.

 익테린휘파람새의 몸길이는 12-13.5cm예요.

익테린휘파람새는 5월부터 8월까지 볼 수 있어요. (한국에서는 보기 힘들어요.)

| 1월 | 2월 | 3월 | 4월 | 5월 | 6월 | 7월 | 8월 | 9월 | 10월 | 11월 | 12월 |

창새와 비슷한 크기의 새들

흰턱제비

일반 제비와 비교하면 흰턱제비의 꼬리는 길지 않고 끝이 아주 조금 갈라졌어요. 몸 아랫면은 새하얗고, 허리 부분도 흰색이지만 허리를 덮고 있는 등 깃털은 빛나는 파란색이에요. 그래서 하늘을 날 때 눈에 띄어요. 흰턱제비는 짧게 "프르릇" 혹은 "프리핏"하고 울어요.

조금만 갈라진 꼬리

알아둬야 할 중요한 사실!

4월이나 5월에 꽃샘추위가 다시 한번 닥치면, 흰턱제비는 곤란해져요. 그러면 곤충이 더는 날아다니질 않기 때문이죠. 흰턱제비는 체온을 몇 도 정도 낮춰서 에너지 소비량을 절반으로 줄일 수 있고, 그 덕분에 굶어 죽지 않을 수 있어요. 그래서 이들은 꽃샘추위 때 아무것도 먹지 않고도 며칠을 버틸 수 있어요.

흰턱제비는 일반 제비보다 약 2-3주 늦게 아프리카 겨울 서식지에서 돌아와요. 흰턱제비는 대개 곤충이 많은 축사 근처에 진흙 둥지를 지어요. 하지만 종종 유럽칼새와 함께 더 높이 날아 더 작은 곤충을 사냥하기도 해요.

흰턱제비의 몸길이는 13-15cm예요.

흰턱제비는 4월부터 10월까지 볼 수 있어요.

참새와 비슷한 크기의 새들

유럽세린

유럽세린은 방울새 중에서 가장 작은 새예요. 카나리아와 아주 가까운 친척이긴 하지만, 노랫소리는 녹슨 자전거 바퀴가 삐걱대는 것 같아요. 나무꼭대기나 지붕에 앉아서 혹은 하늘을 날며 노래해요. 짧고 두꺼운 부리로 땅에서 작은 씨앗을 쪼아먹어요. 깃털은 노랑 바탕에 진한 줄무늬가 있어요. 날개를 활짝 펴고 하늘을 날 때면, 샛노란 허리가 도드라져 보여요.

암컷

날고 있는 수컷

자세히 보아요!

유럽세린은 원래 지중해 지역에 살았었는데, 지난 80년에서 200년 사이에 점차 북쪽으로 서식지를 넓혀 지금은 북해까지 이르렀어요. 가을에 작은 무리를 이루는데, 거기에 종종 붉은가슴방울새나 오색방울새가 섞여 있을 수 있어요.

유럽세린은 얕은 냄비 모양의 둥지를 측백나무나 향나무처럼 잎이 촘촘하게 난 침엽수에 지어요. 그래서 유럽세린은 주로 공원, 가로수길, 정원, 공동묘지에서 관찰할 수 있어요. 유럽세린 대부분은 지중해에서 겨울을 보내지만, 몇몇은 이동하지 않고 살던 곳에서 계속 살아요.

 유럽세린의 몸길이는 11-12cm예요.

유럽세린은 3월부터 10월까지 볼 수 있어요. (한국에서는 보기 힘들어요.)

참새와 비슷한 크기의 새들 41

검은머리방울새

녹색이 도는 노란 깃털에 짙은 줄무늬가 있는 조그만 새를 봤나요? 그렇다면 그 새의 이름은 검은머리방울새예요. 하늘을 날 때 노란색 등과 노란색 날개띠가 도드라져 보여요. 수컷은 턱과 정수리가 까매요. 암컷은 검은색 정수리가 없고 노란색도 더 옅어요. 지저귀는 소리는 오래된 문이 겨우 열릴 때 나는 소리를 닮았어요.

수컷

암컷

여름에는 거의 눈에 띄지 않아요. 산악지대의 침엽수 숲과 잡목 숲에서 알을 낳는데, 한 번에 3-5개씩 1년에 두 번 번식해요. 번식기가 끝나면 작은 무리를 지어 주변을 수색하며 오리나무와 자작나무에서 먹이를 찾아요. 이때 여러분이 걸어둔 모이통도 어쩌면 이따금 방문할 거예요.

놀라운 사실!

검은머리방울새는 해마다 알의 개수를 다르게 낳아요. 알의 개수가 가문비나무 열매 수확에 따라 달라져요. 열매가 많이 열린 해는 알도 많이 낳아요. 검은머리방울새는 중세 후기 이후에 중부 유럽에 퍼졌는데, 목재를 얻기 위해 성장 속도가 빠른 가문비나무를 곳곳에 많이 심었기 때문이에요. 이 가문비나무를 검은머리방울새가 아주 좋아하거든요.

검은머리방울새의 몸길이는 11-12.5cm예요.

검은머리방울새은 1년 내내 볼 수 있어요. (한국에서는 겨울에만 볼 수 있어요.)

| 2월 | 3월 | 4월 | 5월 | 6월 | 7월 | 8월 | 9월 | 10월 | 11월 | 12월 |

참새와 비슷한 크기의 새들

되새

되새는 크기와 형체가 푸른머리되새와 매우 비슷해요. 하지만 수컷의 머리는 검은색 혹은 회색이 도는 검은색이고 배는 하얀색이에요. 암컷의 머리는 더 밝은 회색이에요. 주황색 가슴에서 되새라는 걸 알아볼 수 있어요. 하늘을 날 때 빛나는 흰색 허리와 등이 눈에 띄어요. 울음소리에서도 푸른머리되새와 명확히 구별되는데, 되새는 칭얼대듯 **"얘앵"** 하며 울어요.

수컷 / 암컷 / 너도밤나무 열매

되새는 스칸디나비아와 북부 러시아의 성긴 침엽수 숲과 자작나무 숲에서 알을 낳아요. 10월부터 중부 유럽으로 이동하여 그곳에서 겨울을 보내요. 중부 유럽에서 대개 너도밤나무 열매를 찾아 먹지만, 때때로 사람이 걸어둔 모이통도 이용하는데, 해바라기씨를 특히 좋아해요.

자세히 보아요!

너도밤나무에 열매가 유난히 많이 열리는 해가 있어요. 이런 너도밤나무 숲에서 되새 수십만 마리가 먹고살아요. 특히 저녁으로 거대한 무리가 새까만 구름처럼 하늘을 덮고, 그 많은 새가 몇 안 되는 나무 위에 떼 지어 앉으면 정말 대단한 장관이 펼쳐져요.

 되새의 몸길이는 14-16cm예요.

되새는 10월부터 4월까지 볼 수 있어요.

1월 2월 3월 4월 5월 6월 7월 8월 9월 10월 11월

참새와 비슷한 크기의 새들

푸른머리되새

독일에서 가장 흔히 볼 수 있는 아름다운 새를 꼽는다면, 단연 푸른머리되새예요. 머리 윗부분과 뒷목은 회색빛이 도는 푸른색이고, 얼굴과 가슴과 배는 적갈색이에요. 등은 갈색이고 날개는 검은색인데 하얀 띠가 두 개 있어요. 노랫소리는 마치 "나야 나, 진짜 멋쟁이 신랑 같지 않니?"라며 뻐기는 것처럼 들려요. 평소에는 주로 "**핀크**"하고 울어요. 암컷은 전체적으로 색이 더 옅고 갈색에 가까워요.

놀라운 사실!

새들도 사투리를 써요. 푸른머리되새는 유럽 전역에 살기 때문에, 시간이 흐르면서 다양한 지역에서 다양한 노랫소리와 울음소리가 발달했어요. 그래서 푸른머리되새 전문가는 노랫소리나 울음소리를 들으면 그 새가 어느 지방 출신인지 정확히 구별할 수 있답니다.

암컷

수컷

푸른머리되새는 숲에서 흔히 볼 수 있지만, 공원과 공동묘지, 큰 나무가 있는 정원에서도 만날 수 있어요. 겨울에는 종종 떼로 몰려다니며 숲에서 너도밤나무 열매나 각종 씨와 열매를 찾아요. 하지만 사람이 걸어둔 모이통도 기꺼이 방문해요.

푸른머리되새의 몸길이는 14-16cm예요.

푸른머리되새는 1년 내내 볼 수 있어요. (한국에서는 보기 드물어요.)

| 2월 | 3월 | 4월 | 5월 | 6월 | 7월 | 8월 | 9월 | 10월 | 11월 | 12월 |

참새와 비슷한 크기의 새들

유럽방울새
초록방울새라고도 불려요.

초록방울새라는 별칭에서 알 수 있듯이, 유럽방울새는 초록색이에요. 수컷의 깃털은 노란빛이 도는 회녹색이고 암컷의 깃털은 갈색이 도는 옅은 초록색이에요. 암컷과 수컷 모두 노란색 날개와 두툼한 부리를 가졌어요. 떨리는 목소리로 부르는 노랫소리는 카나리아를 살짝 닮았어요. 하지만 평소에는 주로 칭얼대듯 **"드슈배애애애"**하며 울어요.

자세히 보아요!

새들은 대개 부리를 보면 무엇을 주로 먹는지 쉽게 알 수 있어요. 유럽방울새의 두툼하고 거친 부리는 해바라기씨와 너도밤나무 열매 같은 커다란 씨를 쪼개 먹거나 과일과 나무 열매를 쪼아 먹기에 아주 적합해요.

수컷

암컷

유럽방울새는 공원, 정원, 마을, 숲 가장자리에 자주 나타나는 새예요. 잎이 빽빽한 침엽수와 덤불 꼭대기에 둥지를 짓는데, 대개 2미터 이상 높이에 둬요. 겨울에는 종종 작은 무리를 지어 모이통을 방문해요.

 유럽방울새의 몸길이는 14-16cm예요.

유럽방울새는 1년 내내 볼 수 있어요. (한국에서는 보기 힘들어요.)

| 1월 | 2월 | 3월 | 4월 | 5월 | 6월 | 7월 | 8월 | 9월 | 10월 | 11월 | 12월 |

참새와 비슷한 크기의 새들 45

오색방울새
엉겅퀴새라고도 불려요.

오색방울새의 깃털은 정말로 오색찬란하게 예뻐요. 머리에만 벌써 붉은색, 흰색, 검은색 깃털이 있어요. 등은 갈색이고 검은색 날개에는 샛노란 부분이 있는데, 특히 하늘을 날 때 노란빛이 도드라져 보여요. "슈티-게-릿"하는 울음소리 때문에 독일어 이름은 '슈티그리츠'예요.

알을 낳을 때가 되면 오색방울새는 마을, 공원, 큰 나무가 있는 공동묘지에 주로 나타나지만, 과수원과 가로수길에서도 관찰할 수 있어요. 번식기 이외의 시기에는 대개 작은 무리를 지어 엉겅퀴씨를 찾아 다녀요. 그러면 씨앗 머리에 머리를 박고 앉아 있는 오색방울새를 때때로 발견할 수 있답니다.

자세히 보아요!

먹이를 먹는 오색방울새 떼를 만나면, 모든 새가 씨를 쪼아먹는지 잘 관찰해보세요. 적어도 한 마리는 반드시 보초를 서며 적이 오나 경계하고 있을 거예요. 이것은 무리에게 큰 도움이 되는데, 한 마리가 보초를 서는 동안 다른 새들은 안심하고 먹이를 먹을 수 있기 때문이죠. 당연히 정기적으로 교대하면서 보초를 서죠. 그래야 모두가 먹이를 먹을 수 있으니까요.

무리 지어 앉아 있는 오색방울새

오색방울새의 몸길이는 12-14cm예요.

오색방울새는 1년 내내 볼 수 있어요. (한국에서는 보기 힘들어요.)

| 2월 | 3월 | 4월 | 5월 | 6월 | 7월 | 8월 | 9월 | 10월 | 11월 | 12월 |

참새와 비슷한 크기의 새들

붉은가슴방울새

붉은가슴방울새 수컷은 가슴과 이마가 붉은색이에요. 작은 씨를 쪼아 먹는 부리와 머리는 회색이고, 몸 윗면은 갈색이에요. 암컷의 등도 갈색이긴 하지만, 가슴과 마찬가지로 흰색과 연갈색의 가느다란 줄무늬가 있어요. 날아오를 때 3음절로 "젝-젝-젝"하며 울어요. 붉은가슴방울새는 높은 곳에 앉아 세상을 내려다보며 노래하는 걸 즐겨요.

수컷

같이 해봐요!

붉은가슴방울새가 가장 좋아하는 먹이는 '잡초'와 관목의 씨예요. 새끼들에게도 이런 씨를 먹이는데, 씨가 너무 딱딱하면 먼저 입안의 모이주머니에 넣어 말랑말랑하게 만든 후에 줘요. 붉은가슴방울새에게 좋은 일을 하고 싶다면, '잡초'를 뽑지 말고 그냥 두세요. 그리고 마실 물을 놓아 주세요.

붉은가슴방울새는 무엇보다 관목 울타리와 잡초가 많은 밭을 좋아해요. 마을 변두리, 철둑, 농장, 공원, 정원에서 먹이를 찾아요. 낮은 덤불에 알을 낳는데, 매우 사교적이라 좁은 군락지에서 집단으로 알을 낳기도 해요. 그래서 혼자 있는 붉은가슴방울새 한 마리를 보는 일은 흔치 않아요.

새끼들에게 먹이를 주는 암컷

 붉은가슴방울새의 몸길이는 12.5-14cm예요.

붉은가슴방울새는 1년 내내 볼 수 있어요. (한국에서는 보기 힘들어요.)

1월 2월 3월 4월 5월 6월 7월 8월 9월 10월 11월 12

참새와 비슷한 크기의 새들 47

홍방울새

홍방울새 수컷은 이마와 가슴이 붉은색이라서, 번식기를 맞은 붉은가슴방울새와 아주 비슷해 보여요. 홍방울새 암컷은 이마만 붉은색이에요. 몸 윗면에는 갈색 바탕에 검은색 줄무늬가 있어요. 울음소리는 **"쳇-쳇-쳇"** 하며 거칠게 뚝뚝 끊어져요. 파도를 그리듯 하늘을 날며 노래할 때는 **"쥐르르르르"** 소리를 내요.

> **자세히 보아요!**
> 어떤 겨울에는 특히 많은 홍방울새가 북유럽에서 중유럽으로 이동해요. 이들은 홍방울새 하위종으로 약간 더 크고 회색에 더 가까우며 허리가 흰색이에요.

예전에 홍방울새는 스칸디나비아와 알프스 지역의 자작나무 숲과 침엽수 숲의 텃새였어요. 지금은 중유럽에서도 홍방울새를 관찰할 수 있어요. 홍방울새는 씨를 찾아 능숙하게 나뭇가지 사이를 폴짝폴짝 건너다녀요. 여름에는 곤충도 잡아먹어요.

허리

수컷

먹이를 먹고 있는 수컷 한 마리와 암컷 다섯 마리

홍방울새의 몸길이는 11.5-14cm예요.

홍방울새는 1년 내내 볼 수 있어요. (한국에서는 겨울에만 볼 수 있어요.)

| 2월 | 3월 | 4월 | 5월 | 6월 | 7월 | 8월 | 9월 | 10월 | 11월 | 12월 |

참새와 비슷한 크기의 새들

집참새
그냥 참새라고 부르기도 해요.

집참새는 잿빛 깃털을 가졌어요. 암컷은 눈에 띄지 않는 회갈색에 짙은 줄무늬가 있고 날개에는 베이지색 띠가 있으며 배는 옅은 회색이에요. 수컷은 회색 정수리와 넓은 갈색 옆머리, 검은색 턱, 흰색 옆목으로 구별할 수 있어요.

 알아둬야 할 중요한 사실!

집참새는 기꺼이 이웃과 먹이를 나눠 먹어요. 먹이를 발견하면 곧바로 소리를 질러 친구와 친척들을 불러 모아 다 같이 먹어요. 커다란 먹이는 발로 잡고 부리로 쪼아 잘게 쪼개 먹어요.

먹이를 먹고 있는 참새들

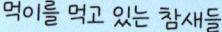 마을, 도시 외곽, 큰 공원이 있는 도심, 사람이 사는 곳이라면 어디에서든 집참새를 관찰할 수 있어요. 집참새는 주로 씨앗, 열매, 싹, 사람이 버린 음식쓰레기를 먹어요. 건물, 바위, 흙벽, 나무 등의 구멍, 틈새, 움푹 파인 곳에 지푸라기나 풀로 공 모양의 동그란 둥지를 지어요. 가로등이나 건축 중장비 같은 특이한 곳에 둥지를 짓기도 한답니다.

 집참새의 몸길이는 14-16cm예요.

집참새는 1년 내내 볼 수 있어요.

| 1월 | 2월 | 3월 | 4월 | 5월 | 6월 | 7월 | 8월 | 9월 | 10월 | 11월 | 12월 |

참새와 비슷한 크기의 새들 49

들참새

언뜻 보기에 들참새와 집참새는 아주 비슷하게 생겼지만, 정수리와 뺨을 보면 쉽게 구별할 수 있어요. 들참새는 정수리가 갈색이고 뺨에 검은색 얼룩이 있어요. 그리고 들참새는 집참새보다 겁이 약간 더 많아서 다가가면 금방 도망가요. 울음소리는 구별이 매우 어려운데, 들참새가 집참새보다 약간 더 높은음으로 "쳅-쳅"하며 울고, 하늘을 날 때 "텟-엣-엣-엣"하며 크게 외쳐요.

자세히 보아요!

들참새는 가을에 벌써 다음 해를 위한 부화 둥지를 마련해요. 그리고 부화기가 될 때까지 이 둥지를 안락한 숙소로 이용해요. 들참새 둥지가 있는 구멍을 알아둔 후, 겨울에 구멍을 잘 관찰해보세요. 저녁에 잠자러 구멍 안으로 들어가는 들참새를 볼 수 있을 거예요.

새끼에게 먹이를 주는 들참새

들참새는 집참새보다 겁도 많고 조용한 곳을 더 좋아해서, 한적한 마을, 덤불, 과수원, 농촌에 사는 걸 더 좋아해요. 이곳에서 들참새는 나무 구멍, 사람들이 걸어둔 새집, 처마 밑 혹은 담벼락 틈새에 지푸라기, 건초, 깃털, 여러 부드러운 재료들을 모아 둥지를 지어요. 들참새는 1년에 새끼를 두세 마리씩 키울 수 있어요. 겨울에 노랑맷새와 함께 있는 모습을 종종 관찰할 수 있어요.

들참새의 몸길이는 13-14cm예요.

들참새는 1년 내내 볼 수 있어요.

| 월 | 2월 | 3월 | 4월 | 5월 | 6월 | 7월 | 8월 | 9월 | 10월 | 11월 | 12월 |

참새와 비슷한 크기의 새들

검은머리쑥새
검은머리참새라 불리기도 해요.

검은머리쑥새는 참새와 비슷하게 생겼어요. 수컷은 머리와 멱이 검은색이고, 흰색 콧수염선과 흰색 목띠가 있어요. 몸 윗면은 적갈색이고 아랫면은 흰색인데, 모두 검은 줄무늬가 있어요. 암컷은 머리가 갈색이에요. 참새와 달리 부리가 작고 앙증맞아요. 높은음으로 **"치이"** 하며 외치는 이들의 울음소리를 대개 갈대밭이나 강둑에서 들을 수 있어요.

알아둬야 할 중요한 사실!

검은머리쑥새는 종종 땅에 둥지를 지어요. 둥지 주변에 적이나 훼방꾼이 나타나면, 검은머리쑥새는 적의 관심을 딴 곳으로 돌리기 위해, 갑자기 날개를 늘어뜨리고 비틀비틀 걸으며 다친 척해요. 적이 둥지에서 멀어지면, 다시 멀쩡하게 날아가요.

검은머리쑥새는 주로 물가와 늪지 그리고 갈대밭에서 관찰할 수 있고, 드물지만 공원 연못가에서도 볼 수 있어요. 이들은 갈대 줄기 꼭대기에 앉아 노래하는 걸 좋아해요. 가을에 대다수는 겨울을 나기 위해 지중해로 이동하고, 소수 일부만 그대로 남아 있어요.

 검은머리쑥새의 몸길이는 13-15cm예요.

검은머리쑥새는 3월부터 10월까지 볼 수 있어요. (한국에서는 겨울에만 볼 수 있어요.)

| 1월 | 2월 | 3월 | 4월 | 5월 | 6월 | 7월 | 8월 | 9월 | 10월 | 11월 | 12월 |

찌르레기와 비슷한 크기의 새들

쇠오색딱따구리

딱따구리 중에서 가장 작은 쇠오색딱따구리는 꼬마오색딱따구리처럼 보여요. 하지만 쇠오색딱따구리는 온몸이 검은색과 흰색이고, 수컷의 정수리만 붉은색이에요. 등에 흰색 띠가 있고 부리는 짧고 뾰족해요. 봄에 큰소리로 **"키이-키이-키이-카이"** 하며 우는데, 그 소리가 황조롱이와 약간 비슷해요. 쇠오색딱따구리의 울음소리는 다른 딱따구리보다 더 짧게 딱딱 끊어지면서 더 길게 이어져요.

등에 있는 흰색 띠로 쉽게 알아볼 수 있어요.

암컷

쇠오색딱따구리는 오래된 나무가 있는 활엽수 숲, 물가 숲, 공원, 큰 정원, 과수원에서 알을 낳아요. 겨울에는 먹이를 찾아 주변을 수색하는데, 이때 박새와 동고비 무리에 섞여 있는 쇠오색딱따구리를 볼 수 있어요. 모이 중에서 특히 해바라기씨를 아주 좋아해요.

날고 있는 수컷

알아둬야 할 중요한 사실!

거의 모든 딱따구리와 마찬가지로 쇠오색딱따구리는 알을 낳을 둥지 구멍을 직접 파요. 지름 3.2-3.4cm의 둥지 입구 구멍은 박새, 동고비 혹은 알락딱새처럼 구멍에 알을 낳는 여러 다른 새에게도 아주 안성맞춤이라, 쇠오색딱따구리는 종종 다른 '둥지 침략자'로부터 자신이 판 아름다운 구멍을 방어해야만 해요.

쇠오색딱따구리의 몸길이는 14-16.5cm예요.

쇠오색딱따구리는 1년 내내 볼 수 있어요.

| 2월 | 3월 | 4월 | 5월 | 6월 | 7월 | 8월 | 9월 | 10월 | 11월 | 12월 |

 찌르레기와 비슷한 크기의 새들

중간오색딱따구리

언뜻 보면 중간오색딱따구리는 오색딱따구리와 똑같아 보여요. 하지만 자세히 보면, 중간오색딱따구리의 부리가 약간 더 작고, 붉은 정수리에 검정 테두리가 없으며, 아래꼬리덮깃도 짙은 붉은색이 아니라 분홍색이라는 걸 알 수 있어요. 무엇보다 봄에 큰소리로 "꽥-꽥-꽥"하며 우는 소리를 들을 수 있어요. 중간오색딱따구리의 울음소리에는 뒤에 길게 이어지는 떨림음이 없어요.

자세히 보아요!

중간오색딱따구리를 관찰하려면 나무의 윗부분을 살펴야 해요. 겨울에 먹이가 부족할 때만 조금 더 아래로 내려와 나무 틈새에서 곤충을 잡아먹어요. 중간오색딱따구리는 참나무처럼 껍질이 거친 나무를 더 좋아하고, 오래된 나무가 많은 자연 숲을 좋아해요. 껍질이 반질반질한 나무에서는 중간오색딱따구리를 만나기 어려워요.

중간오색딱따구리는 알을 낳을 장소로 오래된 참나무를 특히 좋아해요. 그래서 참나무가 있는 공원과 과수원에서도 이 새를 볼 수 있어요. 중간오색딱따구리는 확실히 정원에서 보기 어려운 손님이지만, 번식기가 아닐 때는 먹이를 찾아 여기저기 수색하기 때문에 어쩌면 여러분의 정원에도 나타날 수 있어요.

중간오색딱따구리의 몸길이는 19.5-22cm예요.

중간오색딱따구리는 1년 내내 볼 수 있어요.

1월 2월 3월 4월 5월 6월 7월 8월 9월 10월 11월 12

찌르레기와 비슷한 크기의 새들 53

오색딱따구리

검정-하양 깃털에 새빨간 아래꼬리덮깃이 있다면, 그 새는 오색딱따구리예요. 수컷은 뒷목에도 붉은 얼룩이 있어요. 오색딱따구리는 여름에 썩은 통나무를 차지한 뒤, 딱따구리 특유의 떨리는 울음소리로 자기 영역임을 선포해요. 평소에는 그냥 짧게 "킥스-킥스" 하며 울어요.

아래꼬리덮깃

놀라운 사실!

단단한 나무를 부리로 아무리 쪼아대도 오색딱따구리는 두통을 앓지 않아요. 오색딱따구리의 부리는 특히 두껍고 단단하거든요. 또한, 부리와 두개골이 단단하게 연결되어 있어요.

나무줄기를 쪼아 구멍을 만들고 있는 오색딱따구리

오색딱따구리는 가장 흔한 딱따구리로, 모든 숲과 공원에 나타나요. 강력한 부리로 나무줄기에 알을 낳을 구멍을 파요. 강력한 부리는 구멍을 파는 것 외에도 쓰임새가 많아요. 썩은 나무에서 곤충 애벌레를 잡아먹거나, 견과류를 쪼개거나, 나무 틈새에 달라붙어 솔방울에서 씨를 빼먹어요. 겨울에는 모이통도 방문해요.

오색딱따구리의 몸길이는 23-24cm예요.

오색딱따구리는 1년 내내 볼 수 있어요.

| 2월 | 3월 | 4월 | 5월 | 6월 | 7월 | 8월 | 9월 | 10월 | 11월 | 12월 |

 **찌르레기와 비슷한 크기의 새들**

개미잡이

개미잡이는 봄에 큰소리로 "배드-배드-배드"하며 울어 눈길을 끌어요. 갈색 깃털이 나무껍질과 아주 비슷해서, 울음소리가 없으면 개미잡이를 발견하기가 쉽지 않아요. 지지대 구실을 하는 꼬리나 강력한 부리 같은 딱따구리의 전형적인 특징은 없지만, 그럼에도 개미잡이는 딱따구리과에 속해요. 개미잡이는 나무 구멍에 알을 낳고, 이름에서 알 수 있듯이 길고 끈적한 혀로 개미를 잡아먹어요.

뚜렷한 눈선

짙은 세로 줄무늬

개미잡이는 관찰하기 어려운 희귀한 새에요. 과수원, 탁 트인 숲, 공원에서 관찰할 수 있어요. 하지만 너무 축축한 곳이면 안 되고, 개미가 넉넉히 있어야 해요. 개미잡이는 겨울에 중앙아프리카까지 이동하는 유일한 딱따구리예요.

알아둬야 할 중요한 사실!

주로 개미를 잡아먹어 이름이 개미잡이인데, 특이한 동작 때문에 '뱀목'이라 불리기도 해요. 적의 위협을 받으면, 개미잡이는 목을 길게 내밀어 뱀처럼 목을 구불구불 흔들거나 움찔움찔 뒷걸음으로 도망쳐요. 게다가 이때 뱀처럼 "쉿쉿"하는 소리를 내요. 뱀을 흉내 내서 적을 쫓아내려는 거예요.

 개미잡이의 몸길이는 16-18cm예요.

개미잡이는 4월부터 9월까지 볼 수 있어요. (한국에서는 겨울에만 볼 수 있어요.)

| 1월 | 2월 | 3월 | 4월 | 5월 | 6월 | 7월 | 8월 | 9월 | 10월 | 11월 |

찌르레기와 비슷한 크기의 새들 55

제비

하늘을 날 때 이 우아한 새의 꼬리 끝에 달린 긴 꼬리깃이 눈에 띠어요. 제비의 등은 금속성 광택이 나는 파란색이고, 배는 흰색이에요. 이마와 멱은 짙은 붉은색으로 눈에 띠어요. 시골 마을에서 여름이면, **"지지배배 지지배배"**하는 빠르고 거친 지저귐과 하늘을 날 때 내는 "비트" 소리를 들을 수 있어요.

꼬리깃

제비는 4월에 아프리카의 겨울 서식지에서 돌아와요. 소와 돼지가 수많은 파리를 끌어모으는 축사에 기꺼이 집을 짓고 알을 낳아요. 가을이면 아프리카로 떠나기 위해 주로 전선이나 갈대밭에 떼 지어 모여요.

자세히 보아요!

흰턱제비와 마찬가지로 제비 역시 진흙으로 둥지를 지어요. 작은 웅덩이에서 부리로 진흙을 모으는 모습을 관찰해보세요. 흰턱제비는 둥지를 벽 외부에 짓지만, 제비는 거의 예외 없이 오로지 건물 내부와 특히 축사에 지어요. 찬찬히 찾아보세요. 틀림없이 제비 둥지를 발견할 거예요!

제비의 몸길이는 18-20cm예요.

제비는 4월부터 10월까지 볼 수 있어요.

| 2월 | 3월 | 4월 | 5월 | 6월 | 7월 | 8월 | 9월 | 10월 | 11월 | 12월 |

찌르레기와 비슷한 크기의 새들

유럽칼새

유럽칼새는 거의 항상 공중에 떠 있는 모습을 보여줘요. 칼처럼 생긴 좁은 날개와 갈라진 꼬리로 완벽한 비행을 선보이죠. 제비를 닮긴 했지만, 제비보다 약간 더 크고, 흰색 멱을 제외하면 몸 전체가 검은색 깃털로 덮여 있어요. 다리는 거의 걸을 수 없을 정도로 아주 짧아요.

놀라운 사실!

유럽칼새는 일생의 대부분을 공중에 떠서 보내고, 심지어 잘 때도 하늘을 날아요. 저녁에 최대 3000미터 높이까지 날아올라 날개를 활짝 펴고 항해하듯 하늘에 계속 떠 있어요. 그러다 아주 가끔 한 번씩 날개를 움직여 다시 높이 올라가요. 바람이 잔잔할 때면 목적지에서 너무 멀리 벗어나지 않게 나선을 크게 그리며 날아요.

창공을 나르는 유럽칼새

 유럽칼새는 원래 바위 틈새와 나무 구멍에 알을 낳지만, 오늘날에는 대개 도시 지붕 아래에 둥지를 짓고 사람들 가까이에 사는 데 적응했어요. 그래서 주택가를 빠르게 날아다니는 유럽칼새를 쉽게 볼 수 있고, 비명을 지르듯 "스리이-스리이"하고 외치는 소리를 들을 수 있어요.

 유럽칼새의 몸길이는 17-19cm예요.

유럽칼새는 5월부터 8월까지 볼 수 있어요.

| 1월 | 2월 | 3월 | 4월 | 5월 | 6월 | 7월 | 8월 | 9월 | 10월 | 11월 |

찌르레기와 비슷한 크기의 새들 57

알락할미새

알락할미새는 좁은 보폭으로 총총대며 걸어 다녀요. 이때 머리를 끄덕이고, 종종 긴 꼬리를 흔들어요. 깃털은 검은색, 흰색, 회색이 섞여 있어요. 검은색 멱받이와 검은색 정수리 그리고 그 사이에 있는 흰색 얼굴이 눈에 띄어요. 물결 모양을 그리며 나는데, 이때 **"츨리-입프"** 혹은 **"치블리트"**하고 울어요.

알아둬야 할 중요한 사실!

알락할미새를 '물막대'라 부르기도 하는데, 사실 물막대라는 별칭은 알락할미새보다 노랑할미새에게 더 맞아요. '산막대'라는 별칭을 가진 노랑할미새는 사실 물살이 세고 깨끗한 하천과 작은 강가에 사니까요. 노랑할미새는 강둑이나 다리의 틈새에 둥지를 지어요. 푸른빛이 도는 회색 등과 머리, 노란색 아랫면과 허리에서 노랑할미새를 쉽게 알아볼 수 있어요. 노랑할미새 수컷은 암컷과 달리 멱이 검은색이에요.

노랑할미새 수컷

 알락할미새는 사람들 가까이에서 잘 지내는 집새에요. 장작더미나 정원 창고 지붕 밑 등, 주택가의 움푹 파인 곳이나 구멍에 둥지를 지어요. 대다수가 10월에 지중해로 이동하지만, 몇몇은 떠나지 않고 따뜻한 곳을 찾아 거기서 겨울을 나요.

알락할미새의 몸길이는 17-19cm예요.

알락할미새는 3월부터 10월까지 볼 수 있어요.

| 2월 | 3월 | 4월 | 5월 | 6월 | 7월 | 8월 | 9월 | 10월 | 11월 | 12월 |

찌르레기와 비슷한 크기의 새들

종다리

종다리의 몸 윗면은 황토색이 도는 회갈색에 짙은 무늬가 있고, 가슴은 노란빛이 도는 흰색에 흑갈색 줄무늬가 있어요. 꼬리를 둘러싼 흰색 테두리와 헝클어진 짧은 머리깃털이 눈에 띄어요. 흥분하면 이 머리깃털이 곤두서요.

같이 해봐요!

4월부터 들판과 밭에서 종다리의 아름다운 노랫소리를("트리에" 혹은 "트릴리에") 들을 수 있어요. 녹음기를 가지고 나가 종다리의 노랫소리를 녹음해보세요. 종다리 외에 어떤 새소리가 더 들리고 새소리를 얼마나 구별할 수 있는지 한번 시험해보세요!

하늘을 나는 종다리와 그 노랫소리를 정원에서 보고 들을 수 있어요. 종다리는 곤충, 벌레, 달팽이, 씨앗, 풀 등등, 먹이가 넉넉한 들판, 풀밭, 휴경지가 있는 넓은 자연이 필요해요. 종다리는 풀숲 바닥의 움푹 들어간 곳에 풀의 줄기와 뿌리로 둥지를 지어요. 안타깝게도 종다리는 둥지를 둘 만한 장소를 점점 잃고 있어요. 집약 농업으로 들판, 풀밭, 휴경지가 예전만큼 많지 않고, 밭에는 독한 제초제와 살충제가 뿌려지기 때문이에요.

땅에 지어진 둥지

 종다리의 몸길이는 16-18cm예요.

종다리는 3월부터 9월까지 볼 수 있어요. (한국에서는 1년 내내 볼 수 있어요.)

| 1월 | 2월 | 3월 | 4월 | 5월 | 6월 | 7월 | 8월 | 9월 | 10월 | 11월 | 12월 |

찌르레기와 비슷한 크기의 새들

나이팅게일

나이팅게일은 최고의 가수로 통해요. 이름만 보면 밤에만 노래할 것 같지만, 아침이나 저녁에도 큰소리로 경쾌한 노래를 불러요. 나이팅게일은 우거진 덤불에 살아, 눈에 잘 띄지 않아요. 노래는 강렬한 인상을 주지만, 깃털은 아주 평범해요. 몸 윗면은 붉은빛이 도는 갈색 한 가지 색이고, 꼬리는 녹슨 듯한 붉은색, 아랫면은 흰색, 가슴은 갈색에 가까워요.

놀라운 사실!

나이팅게일은 가장 보기 힘든 새임에도 아름다운 노랫소리 덕분에 가장 유명한 새가 되었어요. 나이팅게일의 노래는 단음과 화음이 이어지는 여러 '절'로 이루어졌는데, 흔히 끝부분에서 경쾌하게 반복돼요. 이때 나이팅게일의 전형적인 '지저귐'이 탄생해요.

노래하는 나이팅게일

 나이팅게일은 공원, 공동묘지, 숲 가장자리, 강둑, 무덤가, 물가의 우거진 덤불에서 볼 수 있어요. 물 근처와 그 외 습한 장소에 주로 사는데, 우거진 덤불 속에 꼭꼭 숨어 지내요. 둥지는 땅 위에 지어요. 가을이 되면 겨울을 나기 위해 아프리카 남부로 이동해요.

나이팅게일의 몸길이는 16-17cm예요.

나이팅게일은 4월부터 9월까지 볼 수 있어요. (한국에서는 보기 힘들어요.)

찌르레기와 비슷한 크기의 새들

대륙검은지빠귀

대륙검은지빠귀 수컷은 몸 전체가 새까맣고, 부리만 샛노랗게 도드라져 보여요. 반면 암컷은 거의 눈에 띄지 않는 갈색이에요. 대륙검은지빠귀의 깃털은 비록 아주 멋들어지진 않지만 그 대신에 가장 맑고 아름다운 노래를 부르는 가수로 통해요. 겨울에는 빠른 소리로 "**틱-틱**"하며 울어요.

자세히 보아요!

대륙검은지빠귀는 둥지 만들기의 달인이에요. 먼저 식물의 줄기와 뿌리 그리고 이끼로 냄비 모양의 기본 틀을 잡아요. 그런 다음 진흙과 찰흙으로 전체를 덮어요. 흙이 마르면 아주 단단하고 튼튼한 둥지가 탄생해요. 마지막으로 둥지 안에 가늘고 부드러운 줄기를 깔아 폭신폭신하게 만들어요. 둥지는 대개 우거진 덤불에 짓지만, 발코니에 걸어둔 새집이나 개방형 차고에도 지어요. 어쩌면 여러분의 차고에도 둥지를 지었을지 모르니, 잘 찾아보세요!

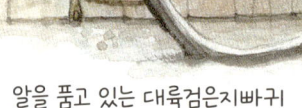

알을 품고 있는 대륙검은지빠귀

대륙검은지빠귀는 원래 겁이 많은 숲새인데, 약 150년 전에 서서히 마을과 도시로 이주했고 이제는 흔히 볼 수 있는 새로 통해요.

 대륙검은지빠귀의 몸길이는 24-29cm예요.

대륙검은지빠귀는 1년 내내 볼 수 있어요. (한국에서는 봄부터 가을까지만 볼 수 있어요.)

찌르레기와 비슷한 크기의 새들

회색머리지빠귀

회색머리지빠귀는 노래지빠귀와 더불어 가장 흔하고 사교적인 지빠귀예요. 머리와 허리는 회색이고 등은 갈색, 꼬리는 검은색, 가슴은 베이지색에 검정 점박이 무늬가 있어요. 회색머리지빠귀는 "샥-샥-샥"하는 아주 전형적인 소리를 내며 울어요. 특히 적의 위협을 동료에게 경고할 때 이렇게 울어요. 이들의 지저귐은 노래와 거리가 멀어요. 마치 시끄럽게 재잘대는 것처럼 들려요.

뭉치면 더 강해진다! 이 모토는 번식기에도 통해요. 그래서 회색머리지빠귀는 작은 무리를 지어 함께 알을 낳고 부화하여 적을 더 효과적으로 방어할 수 있어요. 다 같이 큰소리로 "샥-샥-샥"하고 울어 적을 쫓아내요. 특히 위협적인 적이면 심지어 단체로 똥을 뿌려요.

회색머리지빠귀는 독일에서 200년 전까지 순수한 겨울철새였고, '노간주나무새'로 불렸었어요. 하지만 오늘날에는 프랑스까지 널리 퍼져 사는 텃새가 되었답니다. 회색머리지빠귀는 축축한 숲에 주로 알을 낳지만, 도심의 공원과 정원도 정복했어요.

회색머리지빠귀의 몸길이는 22-27cm예요.

회색머리지빠귀는 1년 내내 볼 수 있어요. (한국에서는 보기 힘들어요.)

| 2월 | 3월 | 4월 | 5월 | 6월 | 7월 | 8월 | 9월 | 10월 | 11월 | 12월 |

 **짜르레기와 비슷한 크기의 새들**

노래지빠귀

노래지빠귀는 눈에 잘 띄지 않는 작은 지빠귀예요. 갈색 등과 검은색 점이 찍힌 흰색 아랫면이 완벽한 보호색 구실을 해요. 노랫소리는 아주 아름답고 쉽게 구별할 수 있어요. 짧은 마디를 언제나 두세 번씩 반복하기 때문이죠.

자세히 보아요!

돌 옆에 수북하게 널린 깨진 달팽이집을 발견했다면, 노래지빠귀의 '작업실'을 발견한 거예요. 노래지빠귀는 달팽이를 잡으면, 돌에 내리쳐 산산조각을 내요. 그러면 먹잇감을 먹기가 더 쉬우니까요.

깨진 달팽이를 물고 있는 노래지빠귀

노래지빠귀는 숲, 공원, 공동묘지에서 정기적으로 알을 낳아요. 숲 가장자리와 생울타리 주변에서 눈에 띄지 않게 조용히 먹이를 찾아요. 가을이 되면 서유럽과 남유럽으로 이동하여 겨울을 보낸 뒤 3월에 다시 돌아와요.

 노래지빠귀의 몸길이는 20-22cm예요.

노래지빠귀는 3월부터 10월까지 볼 수 있어요. (한국에서는 보기 힘들어요.)

| 1월 | 2월 | 3월 | 4월 | 5월 | 6월 | 7월 | 8월 | 9월 | 10월 | 11월 |

찌르레기와 비슷한 크기의 새들

겨우살이개똥지빠귀

겨우살이개똥지빠귀는 지빠귀 중에서 가장 큰 새예요. 하얀색 아랫면에서 검은색 점박이 무늬가 가장 먼저 눈에 띄어요. 몸 윗면은 연한 갈색이고, 얼굴 부분은 노래지빠귀와 비교해 더 밝은색이에요. 하늘을 날 때 드러나는 하얀색 날개아랫면에서 겨우살이개똥지빠귀를 쉽게 알아볼 수 있고, 날면서 내는 "**트르르르**"하는 울음소리도 자주 들을 수 있어요. 반면, 노랫소리는 곡조가 매우 다양하고 경쾌해요. 절 길이만 더 짧을 뿐, 대륙검은지빠귀의 노랫소리와 비슷해요.

하얀색 날개아랫면

알아둬야 할 중요한 사실!

이름이 말해주듯이, 겨우살이개똥지빠귀는 겨우살이의 열매를 주로 먹어요. 가을과 겨울에 나무에 걸린 겨우살이 더미에 앉은 겨우살이개똥지빠귀를 자주 관찰할 수 있어요. 끈적끈적한 열매를 먹다가 부리에 씨가 묻으면 나뭇가지에 비벼 떼어내요. 그러면 이 씨에서 다시 싹이 나고 새로운 겨우살이로 자라요.

겨우살이개똥지빠귀는 큰 나무가 많은 숲을 좋아하고, 주로 오래된 침엽수 숲에 알을 낳아요. 하지만 공원과 정원에도 둥지를 짓고 과감히 알을 낳아요. 겨우살이개똥지빠귀는 1년 내내 관찰할 수 있는 텃새이지만, 일부는 서유럽과 남유럽으로 이동하여 겨울을 나기도 해요. 그래서 겨우살이개똥지빠귀는 엄격히 말해 부분철새예요.

겨우살이개똥지빠귀의 몸길이는 26-29cm예요.

겨우살이개똥지빠귀는 1년 내내 볼 수 있어요.

| 2월 | 3월 | 4월 | 5월 | 6월 | 7월 | 8월 | 9월 | 10월 | 11월 | 12월 |

 찌르레기와 비슷한 크기의 새들

붉은날개지빠귀

10월부터는 지빠귀 떼를 조금 더 자세히 살필 필요가 있어요. 무리 속에 붉은날개지빠귀도 섞여 있을 수 있거든요. 붉은날개지빠귀는 노래지빠귀와 비슷한 크기지만, 옆구리가 녹슨 것처럼 붉은색이에요. 새하얀 눈썹선과 콧수염선이 눈에 띄어요. 붉은날개지빠귀는 독일에서 겨울철새라, 구애의 노랫소리를 들을 수는 없지만, 그 대신 하늘을 날 때 내는 "**치에에**"하고 외치는 높고 긴 울음소리를 들을 수 있어요.

붉은날개지빠귀는 땅에 떨어진 과일과 열매를 먹기 위해 종종 정원을 방문해요.

붉은날개지빠귀는 북유럽에서 알을 낳는데, 예를 들어 핀란드에서는 세 번째로 흔한 새예요. 이들은 서유럽과 남유럽에서 겨울을 보내요. 그래서 독일에서는 이동 시기인 가을과 봄에 주로 붉은날개지빠귀를 관찰할 수 있어요.

알아둬야 할 중요한 사실!

몇 년에 한 번씩 몇몇 붉은날개지빠귀가 독일에서도 알을 낳을 때가 있어요. 아마도 겨울 서식지로 가던 길에 성급하게 이동을 중단한 새들일 거예요.

 붉은날개지빠귀의 몸길이는 19-23cm예요.

붉은날개지빠귀는 10월부터 4월까지 볼 수 있어요. (한국에서는 겨울에 드물게 관찰돼요.)

| 1월 | 2월 | 3월 | 4월 | 5월 | 6월 | 7월 | 8월 | 9월 | 10월 | 11월 | 12월 |

찌르레기와 비슷한 크기의 새들

붉은등때까치
매일 동물 아홉 마리를 죽인다는 민간 설화에 따라, 아홉살해자라 불리기도 해요.

수컷의 머리는 회색이 도는 흰색이고 얼굴은 검은색이에요. 갈고리처럼 생긴 검은 부리에서 이 새가 육식 새임을 알 수 있어요. 하늘을 날 때, 적갈색 윗면과 연분홍색의 가슴 그리고 검정-하양 무늬의 꼬리가 눈에 띄어요. 암컷은 색이 더 연하고, 얼굴도 검지 않으며, 몸 아랫면에 띠무늬가 있어요. 쨍쨍한 "드새애" 혹은 날카로운 "떽-떽" 소리를 가장 자주 들을 수 있어요.

놀라운 사실!
붉은등때까치는 자기가 먹거나 새끼에게 먹일 양보다 더 많은 먹이를 잡았으면, 먹고 남은 먹이를 가시에 꽂아둬요. 그래서 날씨가 좋지 않아 사냥을 못 한 날에도 넉넉히 먹을 수 있어요. 옛날 사람들은 이 새가 사냥감 아홉 마리를 가시에 꽂아둔 뒤에야 비로소 먹기 시작한다고 믿었어요. 그래서 붉은등때까치는 아홉살해자라는 별칭을 얻었어요.

수컷

하늘을 나는 수컷

붉은등때까치는 5월이 되어야 비로소 멀리 떨어진 아프리카 남부의 겨울 서식지에서 돌아와요. 생울타리와 덤불이 있는 탁 트인 자연, 공원, 정원에 알을 낳아요. 덤불 꼭대기에서 주로 곤충을 잡아먹지만, 생쥐나 작은 새 혹은 도마뱀도 잡아먹어요.

암컷

붉은등때까치의 몸길이는 17cm예요.

붉은등때까치는 5월부터 9월까지 볼 수 있어요. (한국에서는 보기 힘들어요.)

| 2월 | 3월 | 4월 | 5월 | 6월 | 7월 | 8월 | 9월 | 10월 | 11월 | 12월 |

찌르레기와 비슷한 크기의 새들

황여새

겨울에 이따금 아주 멋진 새를 만날 수 있는데, 바로 황여새예요. 연분홍색 깃털, 뒤로 멋지게 뻗은 정수리 깃털, 검은색 턱과 넓은 눈선, 빨강-노랑-하양 무늬의 날개, 샛노란 꼬리끝띠. 정말로 우아해 보여요. 하늘을 나는 모습은 찌르레기와 비슷해요. 황여새는 날면서 높은음으로 "스리이"하고 우는데, 맑은 종소리를 닮았어요.

해마다 황여새가 독일을 방문하는 건 아니에요. 알을 낳아 번식하는 스칸디나비아와 시베리아에 먹이가 부족할 때만, 멀리 남쪽으로 이동해 와요.

알아둬야 할 중요한 사실!

일반적으로 철새들은 같은 길을 이용해 이동해요. 하지만 몇몇 철새들은 이른바 순환선을 이용해서 이동해요. 그러니까 이런 새들은 갈 때와 올 때 다른 길을 이용해요. 황여새는 동유럽을 거쳐 남쪽으로 이동하고, 돌아올 때는 서쪽으로 멀리 돌아서 와요. 그래서 서부 독일에서는 황여새를 대개 2월부터 관찰할 수 있어요.

 황여새의 몸길이는 18-21cm예요.

황여새는 10월부터 4월까지 볼 수 있어요.

| 1월 | 2월 | 3월 | 4월 | 5월 | 6월 | 7월 | 8월 | 9월 | 10월 | 11월 |

찌르레기와 비슷한 크기의 새들 67

찌르레기

찌르레기는 검은색 바탕에 금속성 광택이 나는 녹색-보라색 깃털을 가졌어요. 가을에 털갈이가 끝나면, 끝이 하얀 새 깃털이 보여요. 그래서 찌르레기는 '스타'라는 별칭을 얻었어요. 새 깃털의 하얀 끝이 별처럼 보이기 때문이죠. 흰색 때문에 '진주별'이라 불리기도 해요. 깃털의 흰색 끝은 봄까지 서서히 사라져 결국 전체가 검은색으로 변해요. 부리는 노란색으로 빛나요.

자세히 보아요!

멀리서 보면 찌르레기와 대륙검은지빠귀는 아주 비슷해 보여요. 하지만 그들이 초원 위를 어떻게 걷는지 주의 깊게 관찰해보세요. 대륙검은지빠귀는 두 다리로 콩콩 뛰어다니고, 찌르레기는 머리를 주억거리며 한 발 한 발씩 교대로 내딛어요. 다른 한편, 찌르레기는 다른 새들의 노래를 아주 잘 흉내 낼 수 있어요. 그러니 정원에서 독수리 소리가 나더라도 놀라지 마세요.

나무가 듬성듬성 있고, 그 나무에 알 낳기 좋은 구멍이 있다면, 찌르레기는 숲, 공원, 정원 가리지 않고 그곳에 둥지를 틀어요. 딱따구리가 파놓은 오래된 구멍 혹은 사람들이 걸어둔 새집에 둥지를 짓고 거기에 알을 낳아요. 가을이 되면 종종 수천 마리씩 큰 무리를 지어 겨울을 나기 위해 지중해로 이동해요. 몇몇 찌르레기들은 추운 계절에도 이동하지 않고 약간 더 따뜻한 대도시에 그냥 머물러요.

찌르레기의 몸길이는 19-22cm예요.

찌르레기는 2월부터 11월까지 볼 수 있어요.

| 2월 | 3월 | 4월 | 5월 | 6월 | 7월 | 8월 | 9월 | 10월 | 11월 | 12월 |

찌르레기와 비슷한 크기의 새들

콩새

강력하고 두꺼운 부리와 큰 덩치로 콩새를 바로 알아볼 수 있어요. 수컷의 머리는 황갈색이고 목에 회색 띠가 둘러져있어요. 암컷의 머리는 약간 더 연한 색이에요. 하늘을 날 때 검정-하양 날개와 흰색 꼬리끝띠가 눈에 띠어요. 콩새의 노랫소리는 아주 작아서 거의 들리지 않지만, "**칙**"하는 울음소리는 아주 크고 날카로워요.

놀라운 사실!

콩새는 두꺼운 부리로 막대한 힘을 발휘해요. 또한, 부리의 날이 매우 날카로워 체리씨를 아주 쉽게 깨요. 체리씨를 부리로 쪼갤 때 최대 70킬로그램의 압력이 가해져요. 실수로 체리씨를 씹어 본 적이 있나요? 그렇다면 분명 체리씨가 얼마나 단단한지 잘 알 거예요.

부리로 씨를 쪼개고 있는 콩새

 콩새는 공원, 활엽수 숲과 잡목 숲에 둥지를 틀고 알을 낳아요. 여름에는 대부분 나무꼭대기에서 시간을 보내고 물을 마실 때만 땅으로 내려와요. 콩새는 겨울에 가장 잘 관찰할 수 있어요. 겨울에는 나뭇잎 뒤에 몸을 숨길 수 없고, 먹이를 찾아 모이통을 방문하니까요.

 콩새의 몸길이는 17-18cm예요.

콩새는 1년 내내 볼 수 있어요. (한국에서는 겨울에만 볼 수 있어요.)

찌르레기와 비슷한 크기의 새들 69

멋쟁이새
피리새라고도 불려요.

가슴과 배가 다홍색이고 머리와 얼굴이 새까맣고 오동통한 새를 만났다면, 그 새의 이름은 분명 멋쟁이새예요. 멋쟁이새의 등은 회색이고, 하늘을 날 때 새하얀 허리가 도드라져 보여요. 씨를 쪼개 먹는 두꺼운 부리가 특히 인상적이에요. 암컷은 수컷보다 색이 약간 더 연한데, 가슴과 배가 연한 갈색이에요. 멋쟁이새는 부드럽게 "드위이" 혹은 "비트-비트"하며 서로 대화해요.

놀라운 사실!
옛날에는 멋쟁이새를 카나리아와 마찬가지로 새장에서 키웠어요. 아름다운 깃털 때문이기도 했지만, 무엇보다 아름다운 노래 때문이었죠. 어린 멋쟁이새는 학습 능력이 아주 좋아요. 이들은 자연에서 부모로부터 노래를 배워요. 그런 어린 멋쟁이새가 사람 손에 길러지면, 주인이 불러주는 노래를 듣고 한 두 가지 멜로디 혹은 노래 전체를 배울 수 있어요.

멋쟁이새

 덤불이 많은 침엽수 숲과 잡목 숲, 공동묘지, 공원, 정원이 멋쟁이새의 여름 터전이에요. 번식기에는 몸을 꼭꼭 숨겨 관찰하기가 아주 힘들어요.

멋쟁이새의 몸길이는 16-17cm예요.

멋쟁이새는 1년 내내 볼 수 있어요. (한국에서는 겨울에만 볼 수 있어요.)

솔잣새

솔잣새의 대표적인 특징은 십자로 엇갈린 부리예요. 수컷은 벽돌색이고 암컷은 녹색이라 쉽게 구별할 수 있어요. 하지만 날개는 암컷과 수컷 모두 검은색이에요. 솔잣새는 하늘을 날 때 종종 큰소리로 **"깁프-깁프"** 하며 힘차게 울어요. 사교성이 아주 좋아 거의 항상 작은 무리를 지어 다녀요.

수컷

암컷

솔잣새는 순전히 침엽수 숲에만 사는데, 주로 솔방울에서 씨를 빼먹기 때문이에요. 솔방울을 찾아 여기저기 돌아다니다 때때로 공원, 정원, 공동묘지를 방문하기도 해요.

놀라운 사실!

솔잣새는 솔방울이 넉넉한 곳에만 알을 낳아요. 눈이 아직 다 녹지 않은 2월, 3월에 벌써 새끼들이 알을 깨고 나오기 시작해요. 알에서 나올 때는 '평범한' 부리를 가졌지만, 2주 뒤면 벌써 부리가 십자로 엇갈리기 시작해요.

부리로 솔방울을 헤집어 씨를 빼먹어요.

 솔잣새의 몸길이는 15-17cm예요.

솔잣새는 1년 내내 볼 수 있어요. (한국에서는 겨울에만 볼 수 있어요.)

| 1월 | 2월 | 3월 | 4월 | 5월 | 6월 | 7월 | 8월 | 9월 | 10월 | 11월 | 12월 |

찌르레기와 비슷한 크기의 새들

노랑멧새

샛노란 머리와 노란색 아랫면 때문에 노랑멧새라는 이름이 지어졌어요. 허리는 녹슨 듯한 붉은색이고 등에는 갈색 줄무늬가 있으며 가슴에는 넓은 갈색 띠가 퍼져 있어요. 암컷은 깃털이 더 옅고 그다지 샛노랗지도 않아요. 쨍쨍한 노랫소리가 눈길을 끌어요. 마치 **"나는, 나는, 나는, 그대를 무척이나 사랑한다네에에에에에"** 하고 노래하는 것 같아요.

수컷

눈 위의 노랑멧새 암컷

노랑멧새는 독일에서 가장 흔한 멧새인데, 덤불과 생울타리가 있는 넓은 들판, 풀밭, 밭에서 만날 수 있어요. 하지만 숲에서도 넓은 공터에서 편안하게 잘 지내요. 둥지는 땅 위에 잘 보이지 않는 곳에 숨겨져 있어요. 겨울에는 작은 무리를 지어 대개 헛간과 농가 근처에 머물러요. 그러면 곡식 낱알을 언제나 넉넉히 얻을 수 있죠.

같이 해보요!

새들은 대개 한낮에는 노래를 부르지 않아요. 그 사실을 이미 알고 있었나요? 낮에 새소리에 귀 기울여보세요. 대다수 새가 노래 부르기를 잠시 멈추고 그늘에 앉아 쉬는 걸 알게 될 거예요. 하지만 노랑멧새는 달라요. 노랑멧새는 한낮의 무더위 속에서도 쉬지 않고 노래해요.

노랑멧새의 몸길이는 16-17cm예요.

노랑멧새는 1년 내내 볼 수 있어요.

| 월 | 2월 | 3월 | 4월 | 5월 | 6월 | 7월 | 8월 | 9월 | 10월 | 11월 | 12월 |

까치와 비슷한 크기의 새들

붉은부리갈매기

붉은부리갈매기는 부리와 다리가 강렬한 빨간색이고, 날개 끝이 검은색이에요. 번식기가 되면 머리가 초콜릿 갈색으로 바뀌어 바로 눈에 띄어요. 번식기 이외의 평상시에는 머리의 초콜릿 갈색이 사라지고 양쪽 눈 뒤에 검은 점만 남아 있어요.

 알아둬야 할 중요한 사실!

붉은부리갈매기는 독일에서 '웃음갈매기'라 불리는데, 이것은 혼동으로 생긴 이름이에요. 이 갈매기의 끽끽거리는 소리는 웃음과 거리가 아주 멀어요. 또한, 주로 얕은 호수에 알을 낳는 사실도 우연에 불과해요[독일어로 얕은 호수를 Lachen(라켄)이라고 하는데, 이 단어는 웃음을 뜻하기도 해요-옮긴이]. 웃음갈매기라는 이름이 붙은 이유는, 북아메리카에 사는 아주 비슷한 갈매기와 같은 종으로 여기기 때문이에요. 북아메리카의 갈매기 소리는 정말로 웃음소리 같거든요.

평상시 깃털

번식기 깃털

100년 전까지만 해도 붉은부리갈매기는 주로 내륙지방에서 살았어요. 이제는 널리 퍼져서 해안 지역에서 가장 흔한 갈매기예요. 붉은부리갈매기는 종종 소금밭이나 호숫가 둑에서 큰 무리를 지어 알을 낳아요. 겨울에는 큰 강을 따라 이동하는데, 그러면 도심의 공원 연못에서도 관찰할 수 있어요.

 붉은부리갈매기의 몸길이는 35-39cm예요.

붉은부리갈매기는 1년 내내 볼 수 있어요. (한국에서는 겨울에만 볼 수 있어요.)

| 1월 | 2월 | 3월 | 4월 | 5월 | 6월 | 7월 | 8월 | 9월 | 10월 | 11월 | 12 |

까치와 비슷한 크기의 새들  73

매

매가 사냥감을 향해 내리꽂히듯 달려드는 모습은 정말이지 대단한 광경이에요. 이때 속도가 초속 300킬로미터를 넘고, 이 세상 그 어떤 새도 이만큼 빠르지 못해요. 몸 윗면은 푸른빛이 도는 회색이고 아랫면은 흰색 바탕에 검은색 가로띠가 있어요. 하얀색 뺨에 있는 검은색 넓은 콧수염선이 대표적인 특징이에요. 수컷은 회색이 더 강하고, 수컷보다 덩치가 큰 암컷은 갈색에 더 가까워요.

알아둬야 할 중요한 사실!

50년 전까지만 해도 매는 거의 멸종 상태였어요. DDT라는 살충제로 인해 매의 알껍데기가 점점 얇아져서 부화 중에 깨져버렸기 때문이죠. 게다가 비둘기 농장 주인들이 비둘기를 보호하기 위해 독으로 매를 죽였었어요. 지금은 강력한 보호 정책 덕분에 매의 수가 다시 늘어나고 있어요.

매는 새를 잡아먹는 거의 유일한 새예요. 그래서 감당할 수 없을 정도로 도시 비둘기가 많아지지 않도록 조절하는 데 도움이 돼요.

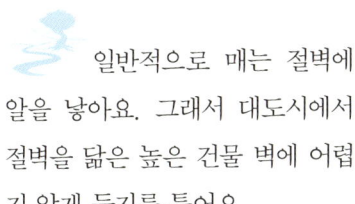 일반적으로 매는 절벽에 알을 낳아요. 그래서 대도시에서 절벽을 닮은 높은 건물 벽에 어렵지 않게 둥지를 틀어요.

매의 몸길이는 38-51cm예요.

매는 1년 내내 볼 수 있어요.

| 2월 | 3월 | 4월 | 5월 | 6월 | 7월 | 8월 | 9월 | 10월 | 11월 | 12월 |

까치와 비슷한 크기의 새들

황조롱이

황조롱이는 날개를 세게 진동하여, 마치 헬리콥터처럼 공중에 떠 있을 수 있어요. 그래서 옛날에는 '진동매'라고도 불렸어요. 황조롱이의 긴 꼬리는 공중에 떠 있을 때 조종키 구실을 해요. 이 긴 꼬리에서 하늘을 나는 황조롱이를 쉽게 알아볼 수 있어요. 수컷의 머리는 회색이고, 등은 적갈색 바탕에 검은색 점박이 무늬가 있어요.

진동비행

옛날에는 절벽 틈에 둥지를 지었지만, '탑매'라는 별칭에서 짐작할 수 있듯이 황조롱이는 탑 위에 혹은 농가나 헛간에 둥지를 틀고, 버려진 까마귀 둥지에 알을 낳기도 해요. 주로 시골의 풀밭과 밭을 수색하며 생쥐와 큰 곤충을 사냥하지만, 도시에서 작은 새들을 사냥하기도 해요.

암컷

알아둬야 할 중요한 사실!

황조롱이 같은 육식 새들이 부화에 성공하느냐 마느냐는 순전히 사냥감에 달렸어요. 황조롱이는 매일 대략 쥐 두 마리가 필요해요. 쥐가 많이 잡히는 해에는 알도 많이 낳아요. 새끼들을 넉넉히 먹일 수 있으니까요. 쥐가 많지 않은 해에는 알을 더 적게 낳고, 심지어 몇몇 새끼들이 굶어 죽기도 해요.

 황조롱이의 몸길이는 31-37cm예요.

황조롱이는 1년 내내 볼 수 있어요.

1월　2월　3월　4월　5월　6월　7월　8월　9월　10월　11월

까치와 비슷한 크기의 새들

새매

새매의 가슴에는 독특한 가로 줄무늬가 있는데, 독일에서는 가로 줄무늬를 '새매 줄무늬'라 부르기도 해요. 덩치가 더 작은 수컷의 경우 아랫면에 황갈색 줄무늬가 있고, 덩치가 큰 암컷의 아랫면에는 연갈색 줄무늬가 있어요. 또한, 수컷의 등은 회색이고 암컷의 등은 갈색이에요. 매와 비교하여 날개가 훨씬 더 넓고 꼬리도 더 길어요. 그래서 새매는 급한 커브도 재빨리 돌 수 있어요.

자세히 보아요!

새매는 수컷과 암컷의 덩치 차이가 아주 커요. 수컷과 암컷을 같이 보면, 그들이 같은 새라는 게 믿기지 않을 정도죠. 암컷은 수컷의 3분의 1만큼이 더 크고 무게도 거의 두 배예요. 그래서 수컷은 주로 작은 새를 사냥하지만, 암컷은 비둘기 크기의 먹이도 사냥할 수 있어요.

암컷

수컷

새매는 생울타리, 덤불, 숲이 많은 여러 다양한 서식지를 좋아해요. 그래서 공원에서도 새매를 만날 수 있어요. 새매는 특히 겨울에 도시와 마을을 방문하는데, 새를 잡아먹는 육식 사냥꾼으로서 새매는 순전히 모이통에 모인 새들을 사냥하러 오는 거예요.

새매의 몸길이는 29-41cm예요.

새매는 1년 내내 볼 수 있어요.

| 2월 | 3월 | 4월 | 5월 | 6월 | 7월 | 8월 | 9월 | 10월 | 11월 | 12월 |

까치와 비슷한 크기의 새들

칡부엉이

칡부엉이는 늘씬한 몸매와 흥분하면 곤두서는 '깃털 귀'에서 쉽게 알아볼 수 있어요. 깃털은 갈색 바탕에 짙은 갈색 점이 찍혀 얼핏 보면 나무껍질 같아요. 그래서 낮에 눈에 띄지 않게 몸을 잘 숨길 수 있어요. 봄날 밤에 숲이나 공원에서 들리는 묵직한 "우흐-우흐" 소리가 바로 칡부엉이 울음소리예요. 그리고 덧붙이자면, '깃털 귀'는 그냥 깃털 뭉치에 불과해요!

알아둬야 할 중요한 사실!

부엉이는 아주 환상적인 감각을 가졌어요. 노려보는 듯한 커다란 두 눈으로 밤에 사람보다 세 배에서 최대 열 배까지 잘 볼 수 있어요. 귀도 아주 밝은데, 쥐가 내는 아주 작은 바스락 소리를 들을 수 있을 뿐 아니라, 그 쥐가 어디에 있는지도 정확히 알아내요. 그래서 부엉이는 먹잇감을 단번에 정확히 잡을 수 있어요. 또한, 깃털에 난 작은 솜털들이 사냥에 큰 도움을 주는데, 덕분에 소리 없이 날 수 있거든요.

칡부엉이는 밤에 탁 트인 장소에서 쥐를 사냥하기 때문에 주로 작은 숲, 들판의 덤불, 숲 가장자리에 둥지를 마련하지만, 또한 큰 공원과 공동묘지에도 둥지를 틀어요. 대개는 버려진 까마귀둥지나 까치둥지에 알을 낳아요. 겨울에는 여러 칡부엉이가 도시로 내려와요. 이들은 잎이 빽빽하게 난 침엽수에 여럿이 모여서 자요.

어린새(어린 나뭇가지와 구별이 잘 안 돼요.)

 칡부엉이의 몸길이는 31-37cm예요.

칡부엉이는 1년 내내 볼 수 있어요.

| 1월 | 2월 | 3월 | 4월 | 5월 | 6월 | 7월 | 8월 | 9월 | 10월 | 11월 |

까치와 비슷한 크기의 새들

올빼미

올빼미는 낮에 나무 구멍 안에 꼭꼭 숨어 있어요. 나무 껍질을 닮은 갈색 줄무늬 깃털이 보호색 구실을 톡톡히 해요. 올빼미는 크고 둥근 머리와 크고 새까만 눈을 가졌어요. 영화에서 으스스한 분위기를 낼 때, 종종 밤에 멀리서 **"후우흐-후-후후우"** 하며 묵직하게 울리는 올빼미 소리를 사용해요. 특히 봄과 가을에 숲에서 이런 울음소리를 들을 수 있어요. 암컷은 아주 짧게 "쿠잇트"하고 울어요.

어린새

놀라운 사실!

올빼미는 여느 척추동물과 달리 목뼈가 일곱 개가 아니라 열네 개예요. 그래서 올빼미의 목은 특히 유연하고, 덕분에 등 뒤까지 목을 돌릴 수 있어요. 눈알이 눈구멍에 고정되어 있어서 눈알을 오른쪽 혹은 왼쪽으로 돌릴 수 없어요. 그러니 목을 돌려 주위를 살필 수밖에요.

올빼미의 머리

올빼미는 숲, 공원, 덤불에서 관찰할 수 있어요. 올빼미는 구멍이 많은 늙은 나무를 찾아 그 안에 알을 낳아요. 때때로 낡은 굴뚝에 둥지를 틀고 저녁으로 지붕 위에 앉아 있어요. 어린새는 아주 이른 나이에 둥지를 떠나, 제대로 날 수 있을 때까지 주변의 나무를 기어올라요.

올빼미의 몸길이는 37-42cm예요.

올빼미는 1년 내내 볼 수 있어요.

| 2월 | 3월 | 4월 | 5월 | 6월 | 7월 | 8월 | 9월 | 10월 | 11월 | 12월 |

 까치와 비슷한 크기의 새들

원숭이올빼미

검은색 점박이 무늬가 있는 새하얀 아랫면으로 쉽게 알아볼 수 있는데, 올빼미 중에서 그렇게 하얀 올빼미는 없기 때문이에요. 하트 모양의 얼굴도 눈에 띄는 특징이에요. 윗면은 회색과 주황색이 섞여 있어요. 원숭이올빼미는 아주 깜깜해졌을 때 비로소 사냥을 시작해요. 그러면 비명 같기도 하고 화를 내는 것 같기도 한 으스스한 울음소리를 들을 수 있어요.

어린새

어른새

놀라운 사실!

몸통 길이는 40cm 안팎으로 전체적으로 짧아서 언뜻 보면 작게 보이지만, 날개를 다 펴면 최대 1m가 넘어요. 먹이가 먹이인지라 쥐가 많이 사는 인간의 주변, 그러나 둥지를 지을 수 있는 넓은 공간이 있는 곳에 살아요. 날개 부분은 갈색이고 얼굴은 하얗기 때문에 공동묘지에서 밤에 마주친다면 깜짝 놀라죠.

원숭이올빼미는 헛간, 교회탑, 버려진 폐가에 알을 낳아요. 쥐를 사냥할 수 있는 장소 주변의 밭, 과수원, 정원에 주로 머물러요. 헛간과 탑 위에 올빼미 전용 새집을 걸어두면 기꺼이 이용해요.

 원숭이올빼미의 몸길이는 33-39cm예요.

원숭이올빼미는 1년 내내 볼 수 있어요.(한국에서는 보기 힘들어요.)

| 1월 | 2월 | 3월 | 4월 | 5월 | 6월 | 7월 | 8월 | 9월 | 10월 | 11월 | 12월 |

까치와 비슷한 크기의 새들

집비둘기

집비둘기만의 대표적인 특징은 따로 없어요. 집비둘기의 깃털은 갈색이거나 검은색 혹은 하얀색이에요. 그러나 흔히 회색이고, 목 부분이 녹색과 보라색으로 빛나요. 집비둘기의 원래 조상이 바위비둘기라서 그래요. 비둘기는 약 7000년 전부터 이미 식용으로 혹은 믿을 만한 편지 배달부로 길러졌어요. 수컷과 암컷 모두 묵직한 소리로 "구르르" 혹은 "그로우-우"하며 울어요.

자세히 보아요!

우물가에서 물을 마시는 집비둘기를 만나면 다른 새들과 비교해 보세요. 집비둘기는 물을 마실 때마다 머리를 뒤로 젖혀야 해요. 그래야 물이 목을 타고 내려갈 수 있어요. 그렇게 하지 않는 비둘기들도 있긴 한데, 그들은 물을 삼킬 수 있는 몇 안 되는 새에 속해요.

바위비둘기를 조상으로 둔 새이니만큼, 집비둘기도 깎아지른 바위를 좋아해요. 그들은 창틀이나 건물 틈새에 소박한 둥지를 짓고 1년에 2-4회씩 번식해요. 똥을 싸서 건물을 지저분하게 하고, 질병도 옮기기 때문에, 사람들은 비둘기 수를 줄이려 애쓰고 있어요.

집비둘기의 몸길이는 29-35cm예요.

집비둘기는 1년 내내 볼 수 있어요.

| 2월 | 3월 | 4월 | 5월 | 6월 | 7월 | 8월 | 9월 | 10월 | 11월 | 12월 |

까치와 비슷한 크기의 새들

숲비둘기

숲비둘기는 유럽에서 가장 큰 비둘기예요. 비교적 작은 머리와 대조되어 몸집이 아주 뚱뚱해 보여요. 깃털은 푸른빛이 도는 회색이고 가슴은 분홍색이 도는 보라색이에요. 목에 있는 하얀 얼룩이 제일 먼저 눈에 띄고, 하늘을 날 때는 날개의 흰색 줄무늬가 눈에 띄어요. 날아오를 때 귀를 기울이면, 종종 날개 치는 소리를 들을 수 있어요. 숲비둘기는 **"구르르르-구르르르-구르르르"** 하며 네다섯 번을 연달아 울어요.

숲비둘기의 구애 비행

자세히 보아요!

새들은 대개 봄에 노랫소리로 관심을 끌 뿐 아니라, 소리를 통해 자기 영역을 표시해요. 새들은 짝을 유혹할 때 노랫소리와 특별한 비행 동작을 연결해요. 숲비둘기는 먼저 20-30미터 공중으로 높이 오른 다음, 날개를 활짝 펴고 꼬리를 뒤로 쭉 뺀 자세로 아래로 내려와요. 가장 높은 지점에서 날개 치는 소리를 내요. 이런 식으로 최대 5회씩 구애 비행을 반복해요.

숲비둘기는 유럽에서 가장 흔한 비둘기예요. 나무와 생울타리가 많은 탁 트인 들판과 활엽수 숲에 알을 낳아요. 공원, 정원, 공동묘지에서도 숲비둘기를 관찰할 수 있어요. 숲비둘기는 겨울에 큰 무리를 지어 수확이 끝난 밭에서 곡식 낱알을 찾아요.

 숲비둘기의 몸길이는 38-43cm예요.

숲비둘기는 1년 내내 볼 수 있어요. (한국에서는 보기 힘들어요.)

| 1월 | 2월 | 3월 | 4월 | 5월 | 6월 | 7월 | 8월 | 9월 | 10월 | 11월 | 12월 |

까치와 비슷한 크기의 새들

분홍가슴비둘기

분홍가슴비둘기는 눈에 띄지 않는 비둘기예요. 크기와 형체 면에서 집비둘기와 아주 비슷해요. 깃털은 푸른빛이 도는 회색인데, 가슴이 분홍색이고 옆목에 금속성 광택이 나는 녹색 얼룩이 있어요. 노란색 부리끝과 흰색이 부족한 깃털이 다른 비둘기와 구별할 수 있는 대표적인 특징이에요. 분홍가슴비둘기는 봄에 묵직하게 **"오-오-웁"** 하고 울어요.

같이 해봐요!

큰 나무가 자라는 정원이 있다면, 분홍가슴비둘기를 위해 새집을 걸어둬 보세요. 102쪽의 새집 설계도와 만드는 방법을 보고 만들어보세요. 설령 분홍가슴비둘기가 여러분의 새집에 알을 낳지 않더라도, 아무 새든 분명 그 집에 둥지를 틀 거예요. 땅벌이나 말벌 혹은 박쥐가 이사 올지도 몰라요.

어린 분홍가슴비둘기의 목에는 금속성 광택이 나는 녹색 얼룩이 없어요.

여느 비둘기와 달리 분홍가슴비둘기는 늙은 참나무나 플라타너스에 자연적으로 생긴 구멍에 알을 낳아요. 안타깝게도 이런 나무들이 점점 줄어들고 있어요. 하지만 분홍가슴비둘기는 까막딱따구리가 버리고 간 구멍에도 즐겨 알을 낳아요.

분홍가슴비둘기의 몸길이는 28-32cm예요.

분홍가슴비둘기는 3월부터 10월까지 볼 수 있어요. (한국에서는 보기 힘들어요.)

| 2월 | 3월 | 4월 | 5월 | 6월 | 7월 | 8월 | 9월 | 10월 | 11월 | 12월 |

 까치와 비슷한 크기의 새들

염주비둘기

염주비둘기는 지붕에서 **"두-두우-두"** 하고 울어 관심을 끌어요. 꼬리가 길고 몸집이 상대적으로 작아요. 깃털은 연한 갈색 한 가지인데, 그래서 목 뒤에 있는 검은색 좁은 띠가 제일 먼저 눈에 띄어요.

············ 뒷목띠

놀라운 사실!

염주비둘기는 약 100년 전부터 유럽 남동부를 시작으로 빠르게 퍼졌어요. 독일의 경우 1950년경까지만 해도 염주비둘기가 없었어요. 지금은 서유럽 전체에 퍼졌어요. 새들의 이런 확산은 늘 있지만, 염주비둘기처럼 그렇게 빨리 진행되진 않아요.

약 100년 전

현재의 분포

염주비둘기는 도시, 마을, 공원, 정원에서 쉽게 관찰할 수 있는 집새예요. 염주비둘기의 둥지는 마른 가지를 성기게 엮어 놓아, 마치 짓다 만 것처럼 보여요. 이런 둥지 안에서 1년에 두세 번씩 어린새 두 마리가 자라요. 염주비둘기는 겨울에 모이통도 방문해요.

 염주비둘기의 몸길이는 31-34cm예요.

염주비둘기는 1년 내내 볼 수 있어요.

| 1월 | 2월 | 3월 | 4월 | 5월 | 6월 | 7월 | 8월 | 9월 | 10월 | 11월 | 1 |

까치와 비슷한 크기의 새들

청딱따구리

청딱따구리와 유라시아청딱따구리는 아주 비슷하게 생겼어요. 청딱따구리가 조금 더 작은 것 말고는 거의 차이가 없어요. 둘을 가장 잘 구별하는 방법은 머리를 보는 거예요. 청딱따구리는 머리가 회색이에요. 또한, 청딱따구리 수컷은 이마 부분만 붉은색이고, 암컷은 머리에 붉은 얼룩이 없어요. 울음소리는 유라시아청딱따구리보다 약간 더 구슬프고, 딱따구리 하면 떠오르는 그런 전형적인 웃음소리와는 거리가 멀어요.

같이 해봐요!

청딱따구리가 가장 좋아하는 먹이는 개미예요. 그래서 풀밭에 앉아 개미를 찾고 있는 청딱따구리를 흔히 볼 수 있어요. 그러니 개미들이 정원 잔디에 작은 흙더미를 만들더라도, 그냥 살려 두세요.

유라시아청딱따구리와 마찬가지로 청딱따구리 역시 과수원, 공원, 넓은 정원, 공동묘지에서 관찰할 수 있어요. 또한, 청딱따구리는 흔히 물과 가까운 곳에 살아요. 겨울에 모이통 주변에서도 청딱따구리를 관찰할 수 있는데, 특히 지방이 풍부한 먹이를 즐겨 먹어요.

청딱따구리의 몸길이는 27-32cm예요.

청딱따구리는 1년 내내 볼 수 있어요.

| 2월 | 3월 | 4월 | 5월 | 6월 | 7월 | 8월 | 9월 | 10월 | 11월 | 12월 |

 까치와 비슷한 크기의 새들

유라시아청딱따구리

유라시아청딱따구리의 몸 윗면은 대부분이 녹색이고, 정수리 부분은 강렬한 붉은색이며, 눈 주변에는 검은색 안대를 한 것처럼 넓은 눈선이 있어요. 수컷은 검정 테두리가 쳐진 붉은색 콧수염선이 있어요. 암컷의 콧수염선은 검은색 한 가지예요. 봄에 주로 큰소리로 웃는 것처럼 **"크위-크위-크위-크위-크위"** 하며 외쳐요. 반면, 오색딱따구리의 드럼소리 같은 울음소리는 아주 드물게만 들을 수 있어요. 유라시아청딱따구리는 종종 '땅딱따구리'라 불리는데, 개미를 잡기 위해 땅에 앉아 있는 경우가 많기 때문이에요.

 알아둬야 할 중요한 사실!

유라시아청딱따구리의 주식은 개미예요. 개미를 잡아먹을 때 긴 혀를 사용하는데, 10센티미터나 되는 긴 혀로 개미굴 깊숙한 곳까지 닿을 수 있어요. 겨울에도 가장 좋아하는 먹이를 포기하지 않아요. 눈을 뚫고 터널을 파서 기필코 개미탑에 도달한답니다.

개미탑

유라시아청딱따구리는 빛이 잘 드는 숲, 오래된 과수원, 늙은 나무가 많은 공원이나 정원을 좋아해요. 둥지도 아주 간편하게 지을 수 있어요. 버려진 오래된 구멍을 찾아내거나 잘 썩은 나무에 구멍을 새로 파면 되니까요.

 유라시아청딱따구리의 몸길이는 30-36cm예요.

유라시아청딱따구리는 1년 내내 볼 수 있어요. (한국에서는 보기 힘들어요.)

| 1월 | 2월 | 3월 | 4월 | 5월 | 6월 | 7월 | 8월 | 9월 | 10월 | 11월 |

까치와 비슷한 크기의 새들

유라시아어치

적이나 훼방꾼이 자기 영역을 침입하면, 유라시아어치는 "래애애애애"하는 소리로 경고해요. 울음소리 이외에도 분홍빛이 도는 갈색 깃털과 검정-파랑의 아름다운 날개에서 쉽게 알아볼 수 있어요. 하늘을 날 때 검은색 꼬리와 흰색 허리가 눈에 띄어요.

먹이를 찾고 있는 유라시아어치

유라시아어치는 숲과 공원에서 관찰할 수 있어요. 도토리와 여러 견과류를 즐겨 먹는데, 여름에는 심지어 다른 새들의 둥지를 털기도 해요. 가을에는 작은 무리를 지어 정원을 돌아다니는 북유럽 유라시아어치도 관찰할 수 있어요.

알아둬야 할 중요한 사실!

유라시아어치는 숲의 경찰이자 정원사라 불릴만해요. 환영받지 못하는 모든 침입자를 발견하는 즉시 큰소리로 그 사실을 널리 알리고, 자기도 모르는 사이에 숲에 나무를 심거든요. 다람쥐와 마찬가지로 유라시아어치는 가을에 수많은 도토리와 견과류를 겨울 식량으로 땅에 묻어둬요. 하지만 모든 식량을 다시 꺼내 먹진 못해요. 그러면 그 자리에서 새로운 나무가 자란답니다.

유라시아어치의 몸길이는 32-35cm예요.

유라시아어치는 1년 내내 볼 수 있어요.

| 월 | 2월 | 3월 | 4월 | 5월 | 6월 | 7월 | 8월 | 9월 | 10월 | 11월 | 12월 |

 **까치와 비슷한 크기의 새들**

까치

까치는 검정-하양 깃털과 긴 꼬리로 다른 새와 명확히 구별돼요. 날개와 꼬리에 햇빛이 닿으면 금속처럼 아름다운 청록색 광택이 나요. 살짝 쇳소리 같은 **"꽉-꽉-꽉"** 소리를 크게 여러 번 반복하며 울어요.

알아둬야 할 중요한 사실!

까치가 정말로 도둑질을 할까요? 까치가 반짝이는 물건을 정말로 가져가는지, 과학자들이 실험했어요. 까치들은 소문과 달리 낯선 물건 앞에서 미심쩍어하며 주저했어요. 하지만 영리한 까치는 어린새를 위해 다른 둥지를 털어 먹이를 구하기도 한답니다.

까치는 알을 낳기 위해 무엇보다 탁 트인 들판과 큰 나무가 있는 시골 마을이 필요해요. 하지만 들판의 나무와 생울타리가 점점 사라지면서 까치는 점점 더 도시로 이동했어요. 도시에는 쓰레기통과 정원 퇴비 더미에 먹을 것이 넉넉히 있으니까요.

햇볕을 쐬고 있는 까치

 까치의 몸길이는 40-51cm예요.

까치는 1년 내내 볼 수 있어요.

| 1월 | 2월 | 3월 | 4월 | 5월 | 6월 | 7월 | 8월 | 9월 | 10월 | 11월 | 12월 |

까치와 비슷한 크기의 새들

서양갈까마귀

서양갈까마귀는 비명 같은 **"꺄"** 그리고 **"꺅"** 소리로 눈길을 끌어요. 그래서 비슷하게 생긴 다른 까마귀와 쉽게 구별할 수 있어요. 또한, 서양갈까마귀는 다른 까마귀보다 몸집이 더 작고 뒤통수와 목덜미가 회색이에요. 가까이 다가가서 보면, 빛나는 파란 눈도 볼 수 있어요.

서양갈까마귀는 도시와 시골 마을에서 주로 오래된 교회 탑과 폐허가 된 성에 살아요. 바위 틈새와 구멍에 주로 알을 낳지만, 나무 구멍과 사람이 달아놓은 커다란 새집에도 단체로 알을 낳아요. 육식과 채식 가리지 않고 모두 먹고, 주로 땅에서 먹이를 찾아요.

놀라운 사실!

서양갈까마귀는 다른 까마귀와 마찬가지로 매우 영리해요. 양의 등에 날아들어, 둥지에 쓸 양털을 뽑아가기도 하고, 양의 몸에 사는 곤충을 잡아먹기도 해요. 그래서 양과 양치기에게는 심지어 아주 유용한 동물이랍니다.

서양갈까마귀의 몸길이는 30-34cm예요.

서양갈까마귀는 1년 내내 볼 수 있어요.

| 월 | 2월 | 3월 | 4월 | 5월 | 6월 | 7월 | 8월 | 9월 | 10월 | 11월 | 12월 |

까치와 비슷한 크기의 새들

송장까마귀

송장까마귀는 몸 전체가 완전히 검은색이에요. 다리와 눈동자 그리고 크고 강력한 부리마저도 검은색이에요. 가래가 끓는 듯한 "**크라아-크라아**"하는 울음소리는 대개 서너 번씩 반복돼요. 겨울에는 종종 거대한 무리를 지어요.

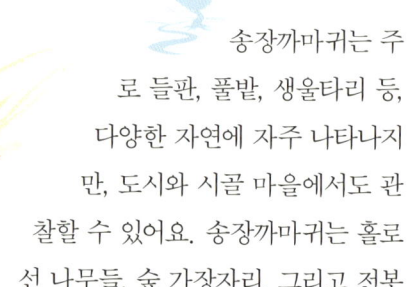

자세히 보아요!

독일 동부에 '안개까마귀'라는 새가 있는데, 등과 배가 옅은 회색이라 그렇게 불려요. 하지만 날개, 머리, 꼬리, 가슴받이는 다른 까마귀들처럼 검은색이에요. 송장까마귀와 안개까마귀는 아주 가까운 친척이에요. 옛날에는 같은 종으로 취급되어 모두 송장까마귀라 불렀어요.

안개까마귀

송장까마귀는 주로 들판, 풀밭, 생울타리 등, 다양한 자연에 자주 나타나지만, 도시와 시골 마을에서도 관찰할 수 있어요. 송장까마귀는 홀로 선 나무들, 숲 가장자리, 그리고 전봇대 위에도 알을 낳아요. 잡식성으로 주로 도시에서 먹이를 찾아요.

 송장까마귀의 몸길이는 44-51cm예요.

송장까마귀는 1년 내내 볼 수 있어요.

| 1월 | 2월 | 3월 | 4월 | 5월 | 6월 | 7월 | 8월 | 9월 | 10월 | 11월 | 12 |

까치와 비슷한 크기의 새들

떼까마귀

떼까마귀는 부리를 보면, 송장까마귀와 쉽게 구별할 수 있어요. 떼까마귀의 부리는 회색이고 깃털이 없기 때문이죠. 어린새만 가을에 부리가 아직 검은색이에요. 부리의 모양도 다른데, 송장까마귀의 부리보다 더 뾰족하고 길어요. 떼까마귀는 쇳소리를 내며 울고, 송장까마귀보다 약간 더 낮은음으로 "끄르라-끄르라" 혹은 "꼬르르-꼬르르"하며 울어요.

알아둬야 할 중요한 사실!

주택가에서 까마귀 무리를 보는 일은 흔치 않은데, 큰 무리는 수백 쌍으로 이루어지기도 해요. 울음소리가 엄청난 소음을 만들 뿐 아니라, 똥을 싸서 사방을 지저분하게 만들어요. 그래서 까마귀 무리는 오래전에 도시와 시골 마을에서 쫓겨났어요.

떼까마귀는 주로 큰 무리를 지어 들판에서 알을 낳아요. 들판의 큰 나무에 둥지를 지어요. 하지만 도시와 시골 마을의 공원이나 변두리에서도 떼까마귀를 관찰할 수 있어요. 특히 겨울에 자주 볼 수 있는데, 대다수 떼까마귀가 동유럽에서 독일로 넘어와 겨울을 나기 때문이에요.

떼까마귀의 몸길이는 41-49cm예요.

떼까마귀는 1년 내내 볼 수 있어요.

2월 3월 4월 5월 6월 7월 8월 9월 10월 11월 12월

 **거위와 비슷한 크기의 새들**

청둥오리

청둥오리는 아주 흔히 볼 수 있어요. 수컷은 금속성 광택이 나는 녹색 머리와 노란색 부리 그리고 갈색 가슴에서 쉽게 알아볼 수 있어요. 하지만 암컷은 몸 전체가 갈색 한 가지 색이라 눈에 잘 띄지 않고, 특히 둥지에 앉아 있으면 발견하기가 더 어려워요. 암컷 청둥오리를 알아보려면 날개 부분을 봐야 해요. 날개에 광택이 나는 파란색 깃털이 있거든요.

암컷

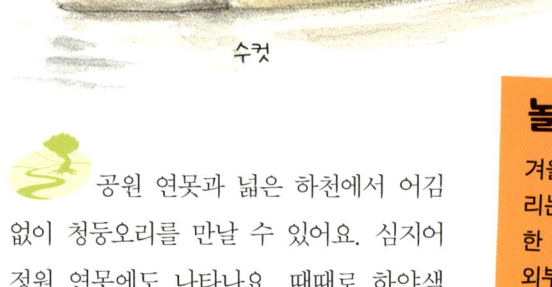
수컷

공원 연못과 넓은 하천에서 어김없이 청둥오리를 만날 수 있어요. 심지어 정원 연못에도 나타나요. 때때로 하얀색 집오리와 야생 청둥오리가 짝을 짓기도 해요. 그러면 둘 사이에 태어난 새끼오리는 깃털 색이 얼룩덜룩해요.

놀라운 사실!

겨울에 맨발로 얼음 위에 서 있어도 오리는 왜 동상에 걸리지 않을까, 궁금해한 적이 있나요? 오리들은 발 온도를 외부 온도에 맞춰 바꿀 수 있기 때문이에요. 오리 다리에는 온도 변환기가 있어요. 발에서 나오는 차가운 피가 발로 들어가는 피를 차게 식혀요. 그래서 겨울에 오리발에는 차가운 피만 흐르고, 발밑의 얼음도 녹지 않아요. 그러니 오리발도 동상에 걸리지 않는답니다.

 청둥오리의 몸길이는 50-60cm예요.

청둥오리는 1년 내내 볼 수 있어요.

| 1월 | 2월 | 3월 | 4월 | 5월 | 6월 | 7월 | 8월 | 9월 | 10월 | 11월 |

거위와 비슷한 크기의 새들

왜가리

왜가리는 머리와 날개에 있는 약간의 검은색과 흰색 아랫면을 제외하면, 온통 회색이에요. 그래서 커다란 노란색 부리가 눈에 띄어요. 하늘을 날 때 다리를 곧게 쭉 뻗고 목을 S자 형태로 잔뜩 웅크려요.

목을 잔뜩 웅크리고 날아요

왜가리는 물고기, 개구리, 그 외 여러 수생동물을 사냥해요. 물고기를 사랑하는 친구들이 들으면 화가 나겠지만, 왜가리는 도시에서 정원 연못의 금붕어도 잡아먹어요. 높은 나무에 무리를 지어 알을 낳고, 때때로 민물가마우지와 함께 지내요.

자세히 보아요!

왜가리가 물에서만 사냥하는 건 아니에요. 특히 겨울에 여러 하천, 연못, 호수가 얼어버리면, 왜가리는 풀밭과 들판에 자주 나타나 생쥐나 두더지를 사냥해요. 사냥 방법은 대략 다음과 같아요. 천천히 살금살금 다가가기, 기회가 올 때까지 끈기 있게 기다리기, 번개처럼 빠르게 부리로 쪼기.

왜가리의 몸길이는 84-102cm예요.

왜가리는 1년 내내 볼 수 있어요.

| 2월 | 3월 | 4월 | 5월 | 6월 | 7월 | 8월 | 9월 | 10월 | 11월 | 12월 |

 **거위와 비슷한 크기의 새들**

홍부리황새

검정-하양 깃털, 다홍색 부리, 붉은색 긴 다리에서 홍부리황새를 알아볼 수 있어요. 홍부리황새는 왜가리와 달리 목을 길게 뻗고 날아요. 둥지 가까이 다가가면, 홍부리황새가 부리 부딪치는 소리를 들을 수 있어요.

홍부리황새는 물가나 축축한 풀밭이 필요해요. 그래야 개구리, 곤충, 지렁이, 생쥐 같은 먹이를 잡아먹을 수 있거든요. 홍부리황새는 주로 집과 헛간의 지붕에 혹은 낡은 굴뚝 위에 둥지를 지어요.

알아둬야 할 중요한 사실!

홍부리황새는 가을에 남아프리카로 긴 여행을 떠나요. 홍부리황새는 날개를 퍼덕이지 않고 활짝 편 채 바람을 타며 날기 때문에, 날개 밑에 따뜻한 공기, 그러니까 좋은 '온난상승기류'가 반드시 있어야 해요. 그래서 지중해를 가로질러 가기보다는 차라리 스페인이나 터키를 거쳐 아프리카로 가요. 그러면 아주 잠깐만 넓은 바다 위를 날면 돼요.

홍부리황새의 비행경로

 홍부리황새의 몸길이는 95-110cm예요.

홍부리황새는 3월부터 9월까지 볼 수 있어요. (한국에서는 보기 드물어요.)

거위와 비슷한 크기의 새들  93

붉은솔개

붉은솔개는 하늘을 날 때 눈에 띄는, 깊게 갈라진 꼬리에서 알아볼 수 있어요. 갈라진 꼬리 때문에 옛날에 '포크솔개'라고도 불렀어요. 붉은솔개라는 지금의 이름은 붉은색 몸 윗면과 아랫면 그리고 붉은색 꼬리 윗면 때문에 얻었어요. 번식기에는 길게 이어지는 비명 같은 **"비이이에에에에에"** 혹은 높은음과 낮은음이 반복되는 **"이이우-이이우우-이이우우우"** 소리를 자주 들을 수 있어요.

날개 끝의 흰색 부분

포크처럼 갈라진 꼬리

붉은솔개는 숲 가장자리에 알을 낳고, 들판과 풀밭 근처로 사냥을 가요. 이때 근처에 있는 정원 위로도 지나가요. 붉은솔개는 천천히 날며 주변의 작은 포유동물과 새를 수색하고 사냥하지만, 죽은 동물도 먹어요. 주요 서식지는 중부 유럽이고, 겨울지는 지중해 지역이에요.

솔개

자세히 보아요!

(한국에서 흔히 볼 수 있는) 솔개 역시 맹금류예요. 솔개의 꼬리는 붉은솔개만큼 깊게 갈라지지 않았고, 몸 전체가 회색 또는 암갈색을 띠어요. 먹이를 수색하는 느린 비행과 방향 조종을 위해 눈에 띄게 움직이는 꼬리가 대표적인 특징이에요. 솔개는 주로 물 근처에 사는데, 물가에서 죽은 물고기를 찾기 때문이에요.

붉은솔개의 몸길이는 61-72cm예요.

붉은솔개는 3월부터 10월까지 볼 수 있어요. (한국에서는 보기 힘들어요.)

| 월 | 2월 | 3월 | 4월 | 5월 | 6월 | 7월 | 8월 | 9월 | 10월 | 11월 | 12월 |

 **거위와 비슷한 크기의 새들**

말똥가리

말똥가리는 동물을 잡아먹는 맹금류 중에서 가장 흔히 볼 수 있는 새예요. 몸 윗면은 대개 한 가지 색으로 암갈색인 반면, 아랫면은 매우 다양할 수 있어요. 아랫면이 아주 밝은 말똥가리가 있는가 하면 아주 짙은 새도 있어요. 하늘을 날 때 검은색 꼬리끝띠와 검은색 날개 뒤쪽 가장자리 그리고 날개 활의 검은색 얼룩이 눈에 띄어요. 말똥가리는 마치 고양이처럼 "**히-애에**"하고 울어요.

놀라운 사실

모든 맹금류는 시력이 굉장히 좋아요. 말똥가리도 마찬가지죠. 좋은 시력 덕분에 말똥가리는 350미터 높이에서도 풀밭의 작은 쥐를 발견할 수 있어요. 여러분이라면 아마 기껏해야 50미터 거리에서 쥐를 겨우 알아볼 수 있을 거예요. 말똥가리의 시력은 사람보다 대략 여섯 배가 더 좋은데, 망막에 감각세포가 더 많기 때문이에요. 픽셀이 높은 디지털카메라와 같은 원리죠.

 말똥가리는 숲, 숲 가장자리, 넓은 공원에 둥지를 지어요. 하지만 쥐 사냥을 위해 탁 트인 풀밭, 들판, 밭으로 가요. 날개를 활짝 펴고 하늘 높이 떠서 원을 그리며 점점 높이 오르는 모습을 흔히 볼 수 있어요.

연처럼 바람을 타는 말똥가리

 말똥가리의 몸길이는 46-58cm예요.

말똥가리는 1년 내내 볼 수 있어요. (한국에서는 겨울에만 볼 수 있어요.)

| 1월 | 2월 | 3월 | 4월 | 5월 | 6월 | 7월 | 8월 | 9월 | 10월 | 11월 | 12 |

큰까마귀

새까만 새를 그냥 까마귀라고 부르는 경우가 많은데, 사실 큰까마귀야말로 진정한 까마귀예요. 큰까마귀는 송장까마귀와 똑같이 새까맣지만, 확실히 더 크고 부리도 매우 강력해요. 흔히 큰까마귀의 묵직하고 거친 **"코르륵-코르륵"** 혹은 경고하는 듯한 **"락-락-락"** 소리가 먼저 눈길을 끌어요. 하지만 봄에는, 시작을 알리는 커다란 종소리처럼 **"클롱"** 하고 외쳐요. 큰까마귀는 까마귀 종류 중 가장 큰 노래새예요.

자세히 보아요!

큰까마귀는 매우 영리하고 장난기가 많은데, 봄에 짝짓기를 위해 구애할 때 그것을 확인할 수 있어요. 큰까마귀 한 쌍이 아주 신나게 비행 놀이를 해요. 서로 바짝 붙어서 날기도 하고, 잡기 놀이를 하듯 서로의 뒤를 쫓기도 하고, 다이빙하듯 아래로 날기도 하며, 심지어 잠깐씩 몸을 뒤집어 누운 자세로 날기도 해요.

쐐기 모양의 꼬리

70년 전까지만 해도 큰까마귀는 해로운 새로 통했어요. 그래서 사냥이 아주 많이 되었고, 알프스 지역과 슐레스비히홀슈타인 주에만 겨우 몇 마리가 남아 있었죠. 하지만 지금은 다시 그 수가 늘어나 넓은 숲에 살고, 먹이를 찾아 도시로도 와요. 2월 말에 나무나 바위 위에 알을 낳기 시작해요. 큰까마귀 부부는 평생을 같이 살아요.

큰까마귀의 몸길이는 54-67cm예요.

큰까마귀는 1년 내내 볼 수 있어요. (한국에서는 보기 드물어요.)

정원새를 관찰해보세요!

정원새? 대체 그게 뭘까요? 이 질문은 답하기가 매우 어려운데, 사실 정원새는 다양한 서식지에서 정원으로 온 여러가지 새를 합쳐서 부르는 말이기 때문이에요. 대다수 정원새는 원래 대륙검은지빠귀나 푸른박새처럼 숲이 고향이에요. 하지만 원래 초원지대(집참새), 산악지대(검은머리딱새) 혹은 물가(청둥오리)가 고향인 정원새도 있어요. 정원이나 시끌벅적한 도심이라도 그곳에서 은신처와 넉넉한 먹이, 알을 낳을 적당한 자리를 발견한다면, 이들은 이 새로운 환경에 잘 적응해요. 새를 관찰하려면 좋은 '눈' 이외에 좋은 '귀'도 필요해요. 새들은 주로 노랫소리나 울음소리로 먼저 눈길을 끌기 때문이에요. 또한, 새의 이름을 알아내는 데, 새소리가 도움이 될 거예요. 마지막으로 약간의 '인내심'도 필요한데, 나무나 빽빽한 덤불에서 새를 발견하기까지 아주 오래 기다려야 할 때도 종종 있기 때문이에요.

알아둬야 할 중요한 사실!

새를 관찰할 때 지켜야 할 아주 중요한 규칙이 있어요. 가능한 한 조용히 하세요. 새는 겁이 많은 동물이거든요! 여러분이 있다는 걸 새에게 들키지 말아야, 새를 잘 관찰할 수 있답니다.

부리를 자세히 보세요!

정원새를 관찰할 때는 부리를 잘 보세요. 얇은 부리, 뾰족한 부리, 강력한 부리, 두꺼운 부리, 긴 부리, 짧은 부리, 갈고리 모양의 부리 등등, 아주 다양해요. 새의 부리는 그 새가 가장 좋아하는 먹이를 가장 잘 먹을 수 있게 생겼어요.

굴뚝새와 점박이딱새의 부리는 핀셋처럼 생겼어요. 이런 새들은 가늘고 뾰족한 부리로 곤충을 잡아먹어요.

참새와 유럽방울새의 부리는 아주 두껍고 강력해서 곡식 낱알이나 씨앗을 쉽게 쪼갤 수 있어요.

반면 대륙검은지빠귀의 부리는 뭐든지 먹을 수 있게 생겼어요. 우선 뾰족해서 곤충을 잡아먹을 수 있고, 길고 강력해서 땅속에 있는 지렁이도 쪼아 먹을 수 있어요.

알아둬야 할 중요한 사실!

새들이 자기 부리에 잘 맞는 먹이만 먹는 건 아니에요. 예를 들어, 참새가 곡식 낱알이나 씨앗만 먹는 건 아니에요. 특히 여름에는 종종 곤충도 잡아 그것으로 새끼를 길러요. 그리고 주로 곤충을 잡아먹는 굴뚝새는 겨울에 곤충이 부족해지면, 사람들이 걸어둔 모이통에 와서 말랑말랑한 모이를 먹어요.

자세히 보아요!

약간만 연습하면, 새의 부리만 보고도 그 새가 좋아하는 먹이를 바로 짐작할 수 있어요. 또한, 부리를 보고 새의 종을 구별하여 분류할 수도 있어요. 한번 해보세요!

새에게 모이 주기 - 여름에도?

새에게 모이를 줘야 한다는 주장과 줘서는 안 된다는 주장이 오랫동안 팽팽했어요. 하지만 지금은 거의 모두가 새에게 모이를 주는 것에 찬성해요(비둘기를 제외하고요). 자연에서 넉넉한 먹이를 찾기가 점점 더 어려워지기 때문이에요. 여러 경작지가 집약 농업으로 바뀌면서, 밭에 잡초가 생기는 일이 아주 드물어졌어요. 또한, 곡식을 수확할 때도 바닥에 떨어지는 낱알이 거의 없어요. 게다가 현대식 집약 농업에 방해가 된다는 이유로 없애버리는 바람에, 덤불과 생울타리가 점점 사라지고 있어요.

붉은꼬리딱새 수컷이 새끼를 먹일 곤충을 물고 있어요.

학자들에 따르면, 곤충 역시 그 수가 점점 줄고 있대요. 지난 15년 동안 여러 지역에서 곤충의 수가 거의 절반이 넘게 줄었어요. 곤충의 수가 줄었다는 것은, 부모새가 특히 번식기에 더 오랜 시간을 들여 먹이를 찾아야 한다는 뜻이에요. 게다가 날씨까지 좋지 않으면, 수많은 어린새가 죽게 돼요. 그러므로 여름에도 모이를 줄 필요가 있어요. 부모새가 모이통에서 쉽게 배를 채울 수 있으면, 새끼를 위해 더 오랫동안 곤충을 잡을 수 있으니까요. 우리가 주는 모이는 새끼새 먹이로 적합하지 않아서, 부모새는 곤충을 꼭 잡아야 해요.

현대식 집약 농업에는 생울타리와 잡초를 위한 자리가 없어요.

어떤 새가 어떤 먹이를 좋아할까?

이런 새들에게는 해바라기씨, 삼씨, 양귀비씨 혹은 아마씨 같은 다양한 씨앗을 섞어 만든 다채로운 혼합 모이를 주면 가장 좋아요. 모이통 안에 넣어두거나 주변에 뿌려두면 돼요.

다양한 씨앗을 섞어 만든 혼합 모이

말랑말랑한 먹이를 좋아하는 새들은 대부분 겨울에 남쪽으로 이동하고, 유럽울새와 바위종다리, 굴뚝새 같은 몇몇 새들만 그대로 남아 겨울을 이겨내요. 이런 새들은 주로 모이통 주변 가장자리나 땅 가까이에 머물러요. 그곳에서 이들은 옥수수 떡밥이나 모이통에서 땅에 떨어진 것들을 주워 먹어요. 이들의 겨울 식단에는 몇몇 곤충 이외에, 기름에 적신 귀리, 소기름 혹은 양귀비씨나 삼씨 같은 작은 씨앗도 포함되어 있어요. 이들을 위해서는 모이통을 바닥에 두는 것이 가장 좋아요.

귀리

가을에 사과나 배를 모조리 따지 말고 몇 개는 나무에 남겨 두세요. 과일을 아깝게 버리는 게 절대 아니예요. 과일을 좋아하는 지빠귀와 찌르레기가 아주 맛있게 먹을 테니까요. 겨울에는 또한 이들을 위해 과일 껍질과 건포도를 밖에 던져두세요.

과일

모두에게 인기가 좋아요

기름에 적신 여러 씨앗을 뭉쳐 그냥 걸어두어도 좋아요. 그런 모이는 모든 새에게 인기가 좋거든요. 특히 검은머리방울새 같은 작은 새들은 매달린 모이를 아주 쉽게 먹지만, 대륙검은지빠귀나 딱따구리는 기름진 모이를 먹으려면 옥수수 떡밥이나 기름에 적신 씨앗 뭉치에 매달려 힘겹게 날개를 퍼덕거려야 해요. 영양가 높은 땅콩 역시 새들에게 인기가 좋아요.

검은머리방울새

기름진 모이 직접 만들기

기름진 모이는 겨울에 새들에게는 가장 중요한 에너지 보물창고예요. 수고와 비용을 적게 들이고도 쉽게 만들 수 있으니 직접 해보세요. 씨앗을 기름에 적시고 뭉쳐 모양을 만드는 과정이 아주 재밌답니다.

준비물도 아주 간단해요. 소기름 약간(정육점에서 구할 수 있는데, 어차피 버리는 걸 얻어오면 더욱 좋아요) 혹은 액체 상태의 코코넛오일만 있으면 돼요. 이제 냄비에 소기름이나 코코넛오일을 넣고 녹이세요. 강추위에 너무 딱딱하게 굳지 않도록 500그램 당 식용유를 두세 숟가락 섞어주세요. 해바라기씨를 비롯한 여러 다양한 씨앗, 귀리, 갈거나 으깬 땅콩, 밀기울, 혹은 말린 열매를 이 기름에 약 두 배 분량으로 넣으세요. 굳기 전에 잘 섞어준 후, 밖에 걸어둘 수 있는 틀 안에 채우세요. 속을 파낸 나무판, 작은 화분, 쿠키틀(틀과 함께 걸어둬야 해요. 안 그러면 금세 부서져 떨어져요.)에 넣어

기름에 적신 씨앗을 틀에 넣어 걸어두세요!

화분으로 직접 만든 기름진 모이

걸어두세요. 혹은 솔방울이나 나무껍질에 발라둬도 좋아요. 어떤 모양의 모이를 만들지 상상해 보세요. 훨씬 예쁘고 재밌는 모양들이 틀림없이 떠오를 거예요!

알아둬야 할 중요한 사실!

겨울에 새에게 모이를 줄 때는, 모이가 썩지 않게 주의하고 새똥이 너무 많이 섞여 있지 않게 자주 살펴야 해요. 모이통과 주변을 항상 깨끗하게 청소해 주세요. 그래야 질병이 퍼지지 않아요. 빵이나 과자 혹은 다른 음식물쓰레기를 주면 안 돼요! 거기에는 양념, 소금, 향물질이 섞여 있고 그런 모이는 금세 상해요. 그것 때문에 새들이 병들 수 있어요.

어떤 새집을 만들까?

구멍에 알을 낳는 새들은 적합한 둥지 자리를 찾기가 어려워요. 자연적인 구멍과 늙은 나무가 있는 정원이 별로 없거든요. 또한, 참새나 유럽칼새가 둥지를 지을 수 있는 처마 지붕도 점점 없어지고 있어요. 그렇지만 적합한 새집을 지어주면, 몇몇 새들이 여러분의 정원에 오랫동안 머물 거예요.

가장 흔한 형태는 구멍형 새집과 창문형 새집이에요. 하지만 유럽칼새, 찌르레기, 나무발바리 혹은 제비 같은 새들을 위해서는 아주 특별한 새집이 있어야 해요.

구멍형 새집	창문형 새집
구멍형 새집에는 특히 박새와 푸른박새가 둥지를 틀어요. 그래서 구멍형 새집을 박새새집이라 부르기도 해요. 하지만 집참새, 동고비, 알락딱새, 혹은 붉은꼬리딱새도 구멍형 새집에 알을 낳아요.	창문형 새집을 걸어두면, 검은머리딱새, 점박이딱새, 알락할미새 혹은 굴뚝새가 들어와 살 수 있어요.

구멍형 새집과 박새

창문형 새집과 점박이딱새

새집은 어떻게 만들까?

구멍형 새집을 직접 만들어 볼까요? 별로 어렵지 않아요. 톱질과 구멍 뚫기에서만 약간의 도움이 필요하고, 그 외에는 여러분이 직접 만들 수 있어요. 최소 18mm 두께의(더 얇으면 보온성이 떨어져 좋지 않아요) 송판, 나사못 약 20개, 꺽쇠형 조임못이나 일자형 조임못 두 개, 그리고 지름 2.6-3.5cm의 구멍을 내기 위한 드릴이 필요해요.

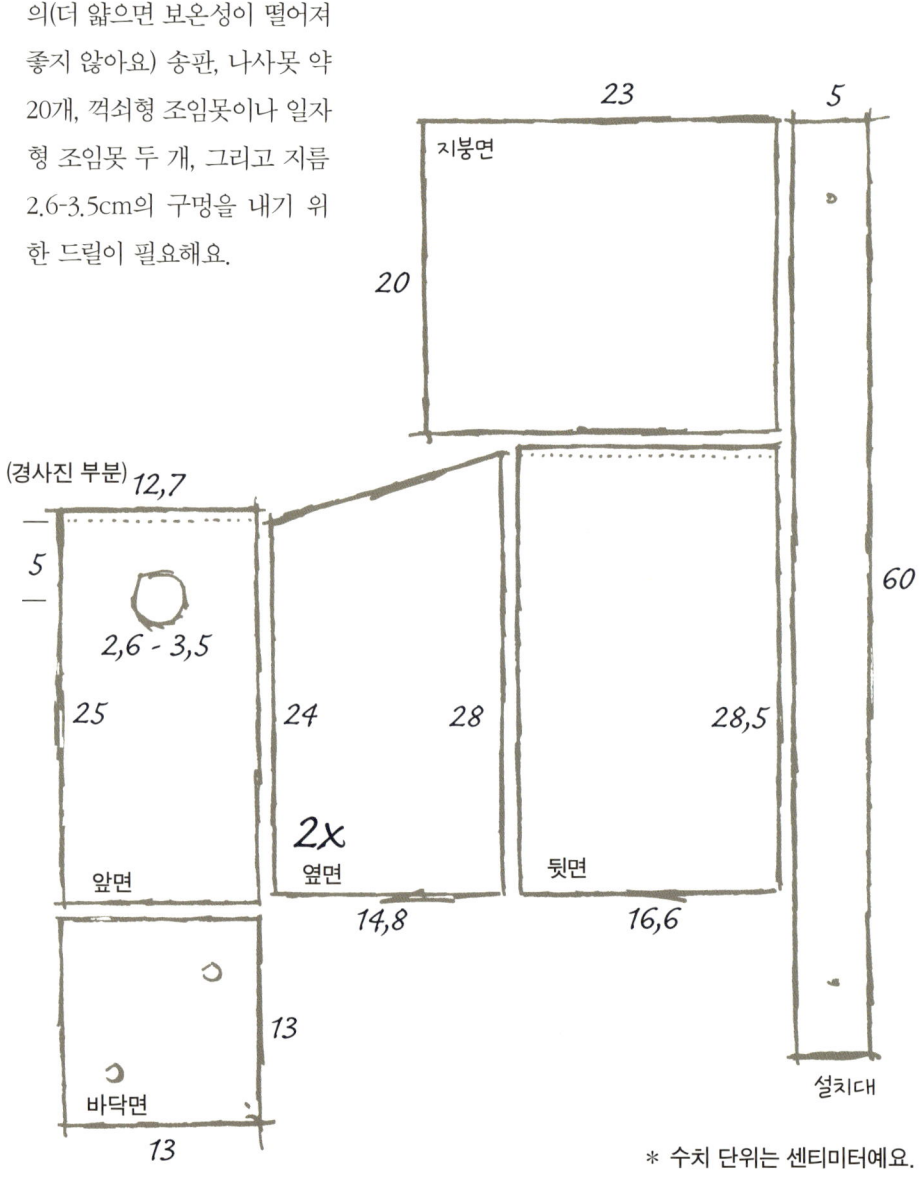

* 수치 단위는 센티미터예요.

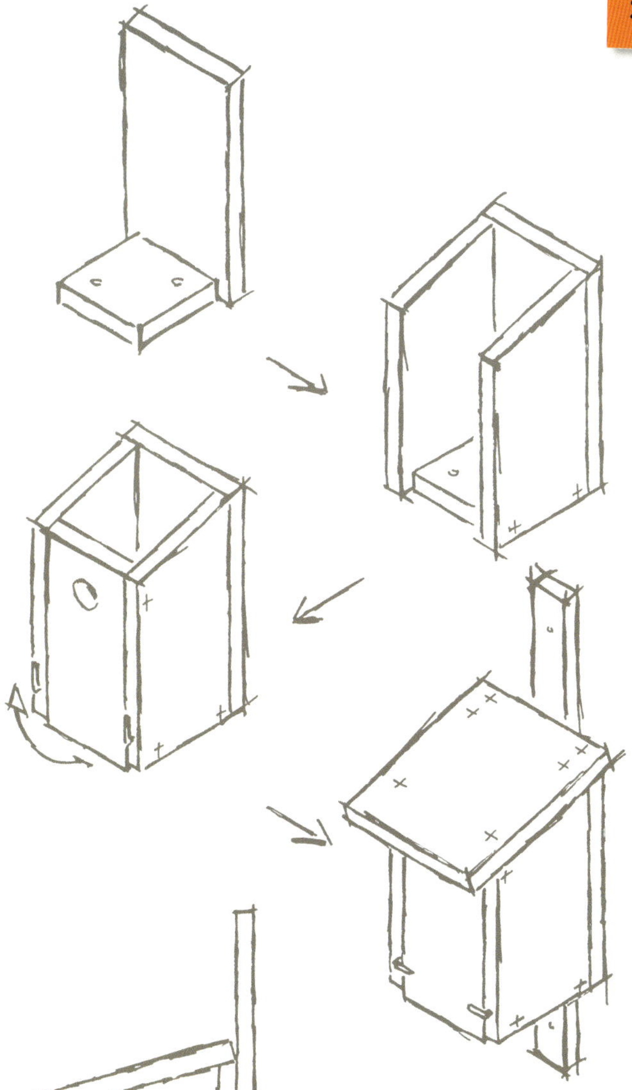

자연으로 탐험을 떠나요 | 103

알아둬야 할 중요한 사실!

가을에 새집을 확인해 보세요. 그리고 그 안에서 새가 알을 낳았었는지 살펴보세요. 오래된 둥지는 곧바로 치워야 해요. 그 안에는 아직 벼룩이나 진드기 같은 기생충들이 아주 많이 살고 있기 때문이에요. 그것을 없애지 않으면, 다음 해에 새들과 새끼들을 마구 공격할 거예요. 새집을 청소할 때는 바람이 통하지 않는 점퍼를 입고 장갑을 껴야 해요.

0,5 cm 돌출

알아둬야 할 중요한 사실!

계절과 상관없이 아무 때나 새집을 걸어둬도 괜찮아요. 몇몇 새들은 가을에 벌써 알을 낳을 장소를 정하고, 미리 둥지를 틀고 알을 낳을 때까지 잠자리로 이용하거든요.

새집을 거는 올바른 방법

여러분이 보고 싶은 새가 새집에 들어와 살기를 바란다면, 새집을 걸 때 몇 가지를 주의해야 해요.

어느 정도 높이에 새집을 거느냐는 크게 중요하지 않아요. 새들이 방해받지 않고 알을 낳아 새끼를 기를 수 있느냐가 가장 중요해요. 그러니 정원에서 아주 깊숙한 곳에 새집을 걸어두는 게 좋아요. 그런 한적한 곳이라야 아무도 방해하지 않을 테니까요. 탁 트인 곳에 걸어야 한다면, 나무 위 아주 높은 곳에 걸어야 해요. 그래야 아무도 새집에 접근할 수 없어요. 그리고 명심하세요. 고양이나 너구리 혹은 까치들이 바로 앞까지 접근할 수 있거나 심지어 발을 집어넣을 수 있는 위치에 새집을 걸어선 절대 안 돼요.

입구 구멍이 동쪽이나 남동쪽을 향하도록 걸어야 해요. 그래야 새집 안이 눅눅해지지 않고, 이음새가 틀어지지도 않아요. 대개 서쪽에서 비가 들이치고 바람이 불거든요.

새집에 앉은 박새

햇빛이 들지 않는 그늘에 있어서 온종일 어둡거나, 한낮의 태양이 너무 뜨겁게 내리쬐면, 새들은 싫어해요. 그러니 너무 그늘지지 않고 너무 양지도 아닌 적당한 자리를 골라야 해요.

새집을 나무에 고정할 때 못을 써야 한다면, 알루미늄 못을 쓰세요. 쇠못보다는 알루미늄 못이 나무를 덜 해쳐요. 알루미늄 못이 없으면, 그냥 철사로 나뭇가지에 매달아도 괜찮아요. 새집을 여러 개 걸 거라면, 나무 하나에 전부 걸지 말고 정원 곳곳에 잘 나눠 다세요. 하나쯤은 집 외벽에 걸어 둬도 좋아요.

같이 해봐요!

대다수 새 종은 둥지를 폭신폭신하게 만들어요. 그러니 고양이나 개의 털, 낡은 베개의 오리털이나 솜을 나뭇가지에 얹어두거나 망사주머니에 넣어 정원 덤불이나 나무에 걸어두면, 새들에게 큰 도움이 될 거예요.

자연으로 탐험을 떠나요 105

새의 흔적을 찾아서

정원이나 놀이터 혹은 공원에서 종종 깃털, 알껍데기, 둥지 같은 새의 흔적을 발견하지만, 그게 어떤 새의 흔적인지 몰라 궁금했던 경험이 있지 않나요? 조금만 조사하고 연습하면 누구의 흔적인지 쉽게 알아낼 수 있어요.

같이 해봐요!

새의 흔적을 발견하면, 언제 어디서 발견했고 그 흔적에서 무엇을 알아냈는지 꼼꼼히 기록해 두세요. 누구의 흔적인지 알 수 없더라도, 일단 사진을 찍고 기록해 두세요. 관찰을 거듭할수록 여러분의 경험이 점점 쌓여, 어쩌면 나중에 이 수수께끼를 풀 수 있을 거예요.

유라시아어치

칡부엉이

깃털
모든 새는 정기적으로 깃털을 새로 갈아야 해요. 털갈이 때 빠진 깃털을 발견하면, 그것이 누구의 털인지 맞혀보세요. 부엉이의 깃털에는 표면에 솜털이 있어서 촉감이 아주 부드러워요. 깃털 가장자리에 파랑-검정 띠가 있으면 그건 유라시아어치의 깃털이에요. 새에 관해 많이 알수록 깃털의 주인을 더 쉽게 알아낼 수 있어요.

알껍데기
새끼가 알에서 나오면, 부모새는 알껍데기를 둥지 밖으로 버려요. 때로는 '알도둑'이 알을 깨트리기도 해요. 알껍데기로 주인을 알아내기는 쉽지 않아요.

붉은등때까치

대륙검은지빠귀

말똥가리

둥지
대륙검은지빠귀의 둥지는 쉽게 알아볼 수 있어요. 진흙과 찰흙으로 지은 견고한 층이 켜켜이 쌓여있기 때문이죠.

굴뚝새는 이끼와 나뭇잎으로 동글동글한 공 모양의 둥지를 담쟁이 넝쿨이나 틈새 안에 잘 숨겨서 지어요.

딱따구리는 나무줄기에 구멍을 파고, 그 안에 둥지를 틀어요.

대륙검은지빠귀의 둥지

둥지 안에 있는 굴뚝새

나무줄기 속 딱따구리 구멍

새들이 좋아하는 정원

새들이 좋아하는 정원의 모습을 떠올리기는 사실 어렵지 않아요. 새들이 편하게 지낼 수 있는 환경이면 되니까요. 그렇다면 새들이 편하게 지낼 수 있는 환경이란 어떤 걸까요? 먹을 것과 마실 것이 많고, 나무와 우거진 덤불이 있어 몸을 숨기기 쉽고 더 나아가 편하게 알을 낳을 수 있는 곳이죠.

새에게 먹이를 넉넉히 제공하려면, 정원에 어떤 관목과 풀과 꽃을 키우느냐가 중요해요. 이때 반드시 자생 식물이어야 해요. 외래종은 때때로 열매를 거의 맺지 못하고, 곤충은 그런 식물을 좋아하지 않아요. 심지어 어떤 식물은 새에게 독이 되기도 해요. 봄에 예쁘게 피는 노란 개나리는 새에게 별로 도움이 못 돼요. 열매가 거의 열리지 않을뿐더러 설령 열매가 열린다 해도 그 열매를 먹는 새는 단 한 종류뿐이에요. 반면, 딱총나무 열매는 새들에게 인기가 아주 좋아요. 딱총나무 열매는 초여름이면 벌써 잘 익어서 먹기 좋아요.

로완나무는 새먹이나무라고도 불리는데, 로완나무 열매를 좋아하는 새가 50종이 넘기 때문이죠. 식물 주변에 사는 곤충도 중요해요. 블랙손(슬로베리) 하나만 보더라도 최대 200종의 곤충이 주변에 사는데, 이런 곤충들은 새들에게 좋은 먹이가 된답니다.

개나리 근처에는 새들이 먹을 곤충이 별로 없어요.

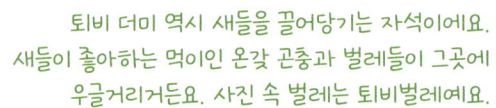

회색머리지빠귀는 로완나무 열매를 좋아해요.

퇴비 더미 역시 새들을 끌어당기는 자석이에요. 새들이 좋아하는 먹이인 온갖 곤충과 벌레들이 그곳에 우글거리거든요. 사진 속 벌레는 퇴비벌레예요.

자연으로 탐험을 떠나요 107

같이 해봐요!

커다란 유리창은 새들의 목숨을 위협할 정도로 위험할 수 있어요. 새들이 유리창을 보지 못하고 그대로 날다 부딪혀 죽을 수 있어요. 이런 사고를 막는 방법은 아주 간단해요. 커텐을 쳐도 되고, 물감으로 그림을 그려 붙여도 되고, 스티커나 마킹테이프를 붙여도 돼요.

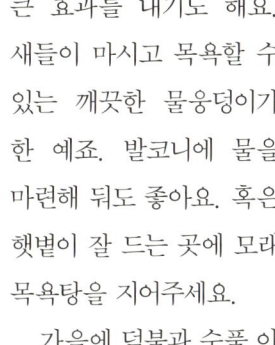

경고 스티커

아주 사소한 것이 아주 큰 효과를 내기도 해요. 새들이 마시고 목욕할 수 있는 깨끗한 물웅덩이가 한 예죠. 발코니에 물을 마련해 둬도 좋아요. 혹은 햇볕이 잘 드는 곳에 모래 목욕탕을 지어주세요.

가을에 덤불과 수풀 아래에 쌓인 나뭇잎을 치우지 말고 그대로 두세요. 그곳에 수많은 곤충이 숨어서 겨울을 나기 때문이에요. 대륙검은지빠귀가 부리로 나뭇잎을 헤집으며 곤충을 찾는 모습을 관찰해보세요. 가을에 나무와 관목을 베어 장작더미 혹은 땔감더미를 만드는데, 굴뚝

참새들은 모래목욕탕을 아주 좋아해요!

정원의 한쪽 구석은 가꾸지 말고 야생 그대로 두세요. 수많은 동물이 그곳을 생활터전으로 삼을 거예요.

새와 유럽울새가 그런 은신처를 좋아해요! 이들은 그곳에서 틀림없이 뭔가 먹을 것 혹은 더 나아가 알을 낳을 장소도 발견할 거예요. 어쩌면 고슴도치 역시 그런 더미를 반가워할 거예요. 몇몇 새들은 듬성듬성 쌓은 돌무더기에도 흥미를 보일 거예요.

새들이 좋아하는 정원을 가꾸고 싶다면 가능한 한 다양하게 꾸미세요. 그래야 다양한 새에게 뭔가를 제공할 수 있어요. 당연히, 정원에 독물질이 있어선 안 돼요.

계절과 새

정원새의 종류는 세월과 함께 달라졌어요. 몇몇 종은 여전히 정원에 나타나지만, 그들조차도 더 자주 정원을 방문하고 더 편하게 지내는 계절이 따로 있어요. '터줏대감'에 속하는 정원새를 꼽자면, 참새와 까치, 대륙검은지빠귀에요.

붉은꼬리딱새는 구멍에 둥지를 틀어요. 사진에서는 돌기둥 틈새에 둥지를 틀었어요.

3월부터 서서히 흥미진진해져요. 검은다리솔새, 검은머리딱새, 알락할미새 같은 철새들이 겨울 서식지에서 돌아오기 시작해요. 그다음 4월부터는 제비, 흰턱제비, 붉은꼬리딱새 같은 장거리철새가 돌아와요. 제일 늦게 돌아오는 마지막 철새는 점박이딱새와 유럽칼새인데, 이들은 5월 초에 정원에 등장해요.

번식기 동안에는 종의 구성이 거의 변하지 않아요. 유럽울새나 멋쟁이새 같은 몇몇 종은 더 꼭꼭 숨기도 해서 자주 관찰할 수 없어요.

새끼제비들이 다음번 식사시간을 기다려요. 헛간이나 축사에서 제비 둥지를 찾아보세요.

자연으로 탐험을 떠나요 109

놀라운 사실!

아프리카에서 겨울을 나는 철새들은 아프리카까지 날아가는 동안 아주 많은 에너지를 써요. 그래서 겨울 서식지에 도착했을 때, 그들은 때때로 체중이 절반이나 줄어 있어요. 그들은 날씨 상태에 따라 하루에 80킬로미터에서 500킬로미터나 되는 여러 단계의 경로를 날아요. 봄에 다시 돌아오면, 긴 여정에 다시 야윈 상태예요. 담쟁이 열매는 3월에 익는데, 검은머리휘파람새 같은 여러 철새에게는 아주 적절한 때죠.

남쪽으로 출발하기 위해 모여든 제비들

번식기 이후, 대략 8월부터 정원새들의 움직임이 다시 시작돼요. 몇몇 종은 정말로 조용히 눈에 띄지 않게 겨울 서식지로 떠나요. 반면, 찌르레기나 제비 같은 몇몇 종은 일단 거대한 무리로 모인 다음 함께 남쪽으로 이동해요. 정원에 딱총나무, 엉겅퀴, 치커리 같은 몇몇 매력적인 관목과 풀들이 있다면, 지나가는 길에 들른 쇠휜턱딱새와 솔새를 관찰할 수 있어요. 계속 날아가기 위한 새로운 에너지와 휴식을 얻는 일종의 휴게소로 정원을 이용하는 거랍니다.

겨울 모이에 모여든 오목눈이

겨울은 새들의 세계에 마지막 변화를 가져와요. 새들이 갑자기 숲에서 나와 정원을 방문해요. 여러 박새, 동고비, 콩새 등이 먹이를 찾아 여기저기를 수색하다 여러분의 정원을 발견하는 거죠. 약간의 행운이 따르면, 되새와 황여새도 겨울에 멀리 북쪽에서 날아와 여러분의 정원에 들를 수 있어요.

정원새 체험의 시간

독일에는 '정원새 체험의 시간'이라는 행사가 있어요. 독일자연보호협회(NABU)가 매년 5월 둘째 주에 개최하는 행사예요. '정원새 체험의 시간'에 참여하면, 아주 '흔한' 새가 정원에 방문하는지 확인할 수 있어요. 독일자연보호협회는 행사에 참여한 사람들이 한 시간 동안 정원이나 공원에서 새를 관찰하고 그 수를 헤아리도록 도와줘요. 이런 행사를 통해 정원새에 관한 무수히 많은 자료가 수집돼요. 독일자연보호협회 홈페이지에 있는 자료를 찾아보는 것도 좋아요. 산책을 나갔다가 만난 새를 이 책에서 찾아보는 것도 좋겠지요?

가장 흔한 정원새 TOP 10
집참새
대륙검은지빠귀
박새
찌르레기
들참새
푸른박새
까치
숲비둘기
유럽칼새
흰턱제비

독일자연보호협회(NABU) 인터넷 홈페이지에서 수치를 확인할 수 있어요.

새를 관찰하기 위한 위장 텐트가 아주 멋져 보이지 않나요?

자세히 보아요!

이미 새에 관해 많이 알고 있다면, 5월 첫째 토요일에 열리는 '버드레이스(Birdrace)'에 참가할 수 있어요. '버드레이스'란 새 경주라는 뜻인데, 한 시간 동안 새의 수를 헤아릴 뿐 아니라, 하루 동안 특정 지역에서 누가 가장 많은 종을 발견하는지 겨루는 대회에요. 경험이 많은 관찰자와 동행하는 것이 가장 좋아요.

같이 해봐요!

정원에서 볼 수 있는 새의 종류를 한눈에 파악하려면 목록을 만들어야 해요. 이때 정원의 크기와 상태에 따라 새의 종류와 수가 더 많아질 수 있어요. 정원을 지나쳐 날아가는 새의 종류까지 포함하면, 최대 100종류가 될 수 있어요. 해마다 목록을 만들면, 다른 해와 비교할 수 있어서 좋아요.

겨울새 관찰

독일에는 겨울에도 새의 수를 헤아리는 행사가 있어요. 그 행사의 이름은 '겨울새 체험의 시간'이에요. 겨울에는 새의 구성이 완전히 달라요. 텃새로서 겨울에도 우리 곁에 머무는 정원새가 많긴 하지만, 특히 곤충을 잡아먹는 새들 대부분은 겨울에 남쪽으로 이동해요. 그 대신에 북쪽과 동쪽에서 겨울 철새가 우리를 찾아와요. 또한, 야생의 산악지대에 사는 몇몇 텃새들도 계곡 아래로 이동하고 더 나아가 정원까지도 내려와요.

겨울에 모이통 주변에서 새들을 쉽게 관찰할 수 있고 그 수를 헤아릴 수 있어요.

가장 흔한 겨울새 TOP 10
집참새
박새
들참새
대륙검은지빠귀
푸른박새
까치
푸른머리되새
숲비둘기
유럽울새
송장까마귀

© 2019 Franckh-Kosmos Verlags-GmbH & Co. KG. Stuttg art. Germany
Original title: Haag, Kosmos Kinder Naturführer, Welcher Gartenvogel ist das?
All rights reserved.
No part of this book may be used or reproduced in any manner
whatever without written permission. except in the case of brief quotations embodied
in critical articles or reviews.
Korean Translation Copyright © 2024 by Saenggakuijip
Published by arrangement with Franckh-Kosmos Verlags-GmbH & Co. KG
through BC Agency, Seoul.

이 책의 한국어 판 저작권은 BC에이전시를 통해
저작권자와 독점계약을 맺은 생각의집에 있습니다. 저작권법에 의해
한국 내에서 보호를 받는 저작물이므로 무단전재와 복제를 금합니다.

초판 1쇄 발행 2024년 6월 5일
지은이 ★ 코스모스 출판
옮긴이 ★ 배명자
펴낸이 ★ 권영주
펴낸곳 ★ 생각의집
디자인 ★ design mari
출판등록번호 ★ 제 396-2012-000215호
주소 ★ 경기도 고양시 일산서구 중앙로 1455
전화 ★ 070·7524·6122
팩스 ★ 0505·330·6133
이메일 ★ jip2013@naver.com
ISBN ★ 979-11-93443-11-8 (76490)

품명 어린이 도서   제조년월 2024년 6월
사용연령 4세 이상   제조자명 생각의집
제조국 대한민국   연락처 070-7524-6122
주소 경기도 고양시 일산서구 중앙로 1455
주의사항 종이에 베이거나 긁히지 않도록 주의하세요.
KC마크는 이 제품이 공통안전기준에 적합하였음을 뜻합니다.